조직행동경제학과
글로벌 금융전쟁

남중헌 지음

UUP

조직행동경제학과 글로벌금융전쟁

▪
2011년 12월 23일 **초판 인쇄** ▪ 2011년 12월 30일 **초판 발행** ▪ **지은이** 남중헌 ▪ **펴낸이** 이철
▪ **펴낸곳** UUP.(울산대학교출판부) 680-749 울산광역시 남구 대학로 93(무거동) 울산대학교 출판부
▪ **전화** (052)259-2488 팩스 (052)277-3011 ▪ **홈페이지** http://uup.ulsan.ac.kr
▪ **출판등록** 제370-1996-000001호(1996.3.13)
▪ ₩ 10,000

ISBN 978.89.7868.262.6 (03320)

책머리에

이 세상을 살아가는 동안 큰 감동을 주는 아주 좋은 책을 만나는 경우는 쉽지 않다. 그러나 필자의 경우는 근래에 글로벌 금융현상을 날카롭게 파헤친 중국 쑹훙빙(중국환구재경연구원장)의 "화폐전쟁1, 2, 3"의 세권을 다 읽고 난 뒤에 받은 엄청난 정신적 충격은 이루 형용하기가 어렵다. 우선 세상을 바라보는 시각의 큰 변화를 경험하였고 무엇보다도 특히 기존의 사회현상 및 경제현상을 접근해 온 방법론(methodology)의 잘못을 깊이 새롭게 인식하는 계기를 갖게 되었다. 그리고 중국은 지금까지 그가 제시한 노선을 따라 일본의 실책과는 달리 이 불확실하고 험난한 글로벌 금융전쟁을 매우 잘 대처해 나가고 있다고 보아진다.

필자는 지난해에 이미 '글로벌 금융위기'라는 저서를 집필하여 글로벌 금융위기의 반복 가능성의 속성을 예고하였다. 그 후 계속하여 세계경제의 흐름을 관심 있게 지켜 본 결과 글로벌 금융위기가 흔들리는 달러화의 기축통화 위상과 요동치는 글로벌 유동성 위기 그리고 심히 희소해진 경제적 가치획득 기회를 둘러싸고 제2 라운드의 치열한 '글로벌 금융전쟁'의 시대로 접어들고 있음을 느낄 수 있었다. 그리고 서구의 초국적 세계총금융자본세력이 살아남기 위하여 마지막 남아있는 큰 먹잇감인 동북아 지역으로 대거 몰려오거나 한·중·일의 금융체계를 정복하고 경제적 식민지로 만들려는 과정에 총력 집중할 것으로 예상된다.

미국과 유럽은 과소비경향, 귀족적 사치 문화, 낭비적인 복지환경, 고비용 구조 등으로 이미 저축률 저하 및 산업의 경쟁력을 잃어 경제가 점차 쇠퇴하는 조짐을 보이는 대신, 동북아 지역은 새롭게 떠오르는 기세이기 때문이다. 특히 우리나라는 이 지역에서 자유시장경제체제에 깊이 편입되어 과도한 자본개방으로 가장 공격하기가 쉽고 만만하여 위기에 가장 많이 노출해 있다고 볼 수 있다. IMF외환위기 및 글로벌 금융위기에서 세계총금융자본으로 부터 가까스로 겨우 경제적 죽음을 면한 우리나라는 운명적으로 또 다시 도전해 올 것이 확실시 되는 이러한 파상금융공격에 적극적으로 대처방안을 모색하는 것이 이 시점에서 매우 중요한 의의가 있을 것이다.

지금까지 수많은 저서 논문, 그리고 매스컴에서의 방대한 정보와 해설 등으로부터 세계경제의 환경 및 전망에 대하여 매우 유익한 견해를 제공받았다. 그러나 단편적이고 개별적인 각 내용들만으로는 전체를 조망하는데 당연히 한계가 있다. '구슬이 서말이라도 꿰어야 보배'라는 말이 있듯이 이러한 각종 좋은 견해들을 부지런히 발췌하고 모으고 이를 조직함으로서 보다 체계적으로 종합적으로 현실을 통찰할 수 있는 재창조의 작업이 반드시 필요할 것이다. 이 책에서도 역시 필자는 종합학문적 방법론 즉, "조직행동경제학"이라는 새로운 학문적 관점을 제시하면서 글로벌 금융전쟁의 현상을 접근해 보는 시도를 하였다. 이는 경제학과 조직학의 상호 학문적 융합의 의의를 갖기도 한다. 그러나 실제로는 현실 속에서 많은 사람들이 이미 이러한 접근을 해 오고 있는 것을 필자가 다만 이론적으로 다시 확인해 본 것에 불과하다. 중국의 쑹훙빈은 아마도 이러한 의미의 가장 대표적인 조직행동경제학자라고 평할 수 있을 것 같다. 오늘날처럼 경제 환경의 불확실성이 높을 때는 더욱더 실무적으로는 주로 조직행동경제학적 접근이 적용되고 여기에 시장결정경제학적 접근이 보완적으로 이루어지는 경향을 보인다. 이 책을 통하여 글로벌 금융위기의 반복가능성과 그 조짐들, 세계총금융자본(혹은 국제금융재벌세력들)의 특성과 전략 그리고 총공세, 한·중·일과의 경제적 갈등관계 및 바람직한 대응 전략 등의 이슈들과 같은 필자의 주 관심사들을 파헤쳐 본 것이다.

이 책을 통하여 필자는 그동안 자료수집과 토론과정을 함께 해 준 많은 동료교수 및 친구들의 고마움도 역시 잊지 않고 있다. 그리고 지금까지 이 책을 집필하기에 매우 좋은 여건을 제공해 준 학교 당국에게도 매우 감사하게 생각하는 바이다.

2011년 12월 대학연구실에서

저자 남 중 헌 씀

차례

1장 조직행동경제학의 관점

1. 기존경제학의 한계와 종합학문적 접근의 필요성

오늘날 우리가 경험하는 글로벌 금융위기 및 금융전쟁의 현상은 기존의 경제학이라는 분과학문의 굴레를 벗어나지 못하면 그 실체를 도저히 파악하기 어렵다. 현상과 현상 사이의 상관관계나 인과관계의 법칙성만을 아무리 정교하게 분석하여 접근해도 결국 그 한계에 직면하게 된다. 이러한 파편적, 분석적인 방법으로는 오늘날처럼 매우 급변하는 새로운 시대의 세계 경제에 미치는 문제의 본질이나 진정한 근본적 구조적 원인들을 결코 간파할 수 없을 것이다. 실재적이고 엄존하는 세계총자본의 덩어리의 존재와 이들 세력들의 속성, 탐욕, 의지, 이해관계, 목표, 전략, 영향력, 단합, 조직, 네트워크 등을 포함한 그 존재의 깨달음과 종합적 학문의 인식도 크게 요청된다는 뜻이다.

오늘날의 금융위기 및 금융전쟁의 경제현상을 이해하고 예측하는데 기존의 경제학이 근본적인 한계를 경험하고 있으므로 경제학이 다시 쓰여 져야 한다는 주장들이 다행히 최근 경제학계나 매스컴에서도 많이 나타나고 있음을 볼 수 있다. 이미 주류의 경제학의 고전학파나 신고전학파의 자유주의 경제이론은 모랄해져드 현상에 대한 무력감을 어실히 드러내어 큰 타격을 받았다. 또한 케인즈의 거시경제학도 지나친 확대재정금융정책에 의한 접근으로 국가 및 공공기관의 방대한 부채규모가 누적되어 빈번한 국가부도의 문제 및 경제의 기반이 파탄되는 심각한 우려를 낳는 의문이 제기 되면서 비주류경제학의 등장이 강력히 예고되고 있다. 이는 미시경제학이든 거시경제학이든 기존의 경제적 법칙과 원리에 입각하여서는 설명, 예측 및 처방을 할 수 없는 또 다른 경제 현상의 영역이 아직도 방대하게 많이 남아 있다는 뜻이다.

2. 비주류경제학의 등장

21세기 진입 후 첫 10년 동안 경험한 세계경제는 그야말로 혼돈과 좌절의 경험이었으며 제 2차 세계대전 이후 최악의 상황을 맞게 되었다. 2008년 미국발 소위 글로벌 금융위기는 경제학적 수단을 몽땅 동원했는데도 도무지 경제가 살아나지 않았다. 미국은 2009년 GDP 성장률이 -2.6%였다. 부실금융이 세계를 뒤흔들고 2008년 글로벌 금융위기는 자본주의의 모순과 그 종말을 예고하는 듯하였다. 신용등급이 낮은 사람에게도 주택을 담보로 높은 이자의 돈을 과도하게 대출해 주는 서브프라임모기지(비유량주택담보대출), 나중에 투자하는 사람의 돈으로 먼저 투자한 사람에게 수익금을 지급하는 대규모의 금융사기, 다른 금융자산의 가치 변동에 투자한다는 기본원리에 아무런 규제를 받지 않은 무한한 량의 파생상품, 그리고 여기에 신용평가사와 보험회사들의 부정 개입 등으로 모순과 모순의 연결이 전 세계를 위기의 화약고로 얽어 놓은 상태이다. 많은 전문가들은 경제와 경제학의 실패를 단언하며 신랄하게 비판을 제기하였다. 글로벌 금융위기는 단순히 일시적인 불황이 아니라 바로 20세기 경제학의 몰락으로 봐야 한다는 주장이다. 지난 세기에 형성된 주류 경제학 이론들로는 이 글로벌 금융위기를 예측하거나 설명하기가 어려웠다는 것이다. 세계 GDP의 30%를 차지하던 미국이 흔들리자 위기는 곧 전 세계로 퍼져 나갔다. 금융회사들이 손해를 보면서 처분한 부실자산 5440억 달러 중 42%는 유럽 금융회사의 몫이며 위기의 파장은 도미노처럼 전 세계를 강타했다. 겁에 질린 사람들은 지갑을 닫았고 또한 방대한 양적완화 정책으로 치솟는 인플레이션은 서민들의 구매력을 실종시켰기 때문에 경기침체가 계속됐다. 화폐를 찍어 낼수록 화폐발행권자를 중심으로 부익부 빈익빈 현상만 심화되고 또한 그만큼 돈 거품만 생긴 것이며 인플레이션과 경기침체가 결합된 스태그플레이션은 불가피한 현상이 되었다. 돈 거품이 구매력 수준으로 맞추어져 사라질 때 마다 반복되는 금융위기는 전 세계인의 고통으로 남게 되었다. 이러한 새로운 경제현상들을 설명하기에는 과거의 주류경제학과는 또 다른 경제학적 접근이 필요하다고 할 것이다. 그리고 필자가 제시하는 조직행동경제학은 바로 이러한 현상들을 보다 잘 설명할 수 있다고 본다.

제1 글로벌 금융위기와 유럽 발(發) 재정위기에 의한 제 2의 글로벌 금융위기를 겪으면서 경제학은 위기를 미리 예측하고 설명하는 데는 무용지물이며 학문을 위한 학문이라는 비판의 목소리가 나날이 점점 커지고 있다. 그리고 경제학계 내부에서도 반성의 목소리가 높다. 기존의 주류경제학은 금융위기를 예측에 실패한 무능한 경제학이며 인간의 마음과 행동의 이해를 도외시하고 지나치게 수학과 통계에 파묻혀 버렸다. 경제학이 글로벌 금융위기를 예측하지 못한 데는 효율적인 시장 가설을 신봉하고 시장의 균형 상태를 강조한 시카고학파의 미시경제학의 영향 때문이다(조선일보, 2011, 10, 11). 그러나 국가의 개입을 요청하는 케인즈 학파와 같은 거시경제학조차도 역시 주류경제학으로서 그 해답을 줄 수 있지 못했다. 비록 아카데믹한 근거에 의하여 주류경제학의 한계를 논증한 것이 아니라 주로 매스컴에서 등장하는 여론이라고 할지라도 어쨌든 이러한 견해들은 현실을 반영하는 것임에는 틀림없다. 글로벌 금융위기는 시장결정의 자연스런 인과법칙에 의하여 나타난 것이 아니라 미시든 거시든 탐욕스런 금융 세력들의 인위적이고 작위적인 어떤 작전의 결과로서 나타난다는 다른 주장이 있을 수 있다. 기존의 주류경제학이 금융위기에 예측에 무능했던 것은 다른 학문과 원활한 상호 교류를 하지 못하고 분과학문적으로 접근하는 스스로의 장벽에 갇혀 있었기 때문이라고 사료된다.

여기서 주류(主流)경제학이라고 함은 아담 스미드(Adam Smith)의 '국부론'으로 시작하는 고전주의 경제학(classic economics)과 19세기 후반의 신고전주의 경제학(neo-classical economics)의 전통을 중심으로 하고 있는 오늘날의 주된 경제학의 체계를 말한다. 어떠한 사람들은 시장의 역할을 강조하는 밀튼 프리드만(Milton Friedman)을 중심으로 하는 소위 '시카고학파'의 경제학이 바로 주류경제학이라고 생각하는 경향이 있는데 꼭 그런 것은 아니다. 물론 시카고학파가 주류경제학에 들어가는 것은 사실이지만 그들뿐만 아니라 그들과 다른 입장에 있는 케인즈학파 또는 신케인즈학파도 모두 주류경제학에 포함되고 있다(김성환, 2011, p.59).

오늘날 비주류경제학이 힘을 받고 있고 세인의 많은 관심을 받고 있다. 고전학파에 기반을 둔 정통 주류경제학에서는 버블이나 거품이 존재하지 않는다. 왜냐하면 시장메카니즘에서 형성된 재화의 가격들은 모두 합리적인 결과라고 간주되기 때문이다. 그러나 다양한 경제 주체들이 과도한 빚으로 겨우 버티거나 유지되고 있으며 유동성 함정에 빠져 자칫하면 자산의 가치가 대폭락하거나 휴지조각이 될 수 있으며 모든 거래나 조직기능이 마비되거나 파국에 이를 수 있는 이 시장이 결코 효율적이거나 합리적이라고 쉽게 말할 수는 없을 것이다.

가령 빚을 내어 자산을 구입하는 행위를 정통 주류경제학 입장에서는 합리적인 경제행위로 본다. 그리고 부채는 자산이며 타인의 돈을 빌려 자신의 부를 더 키울 수 있는 레버리지 효과를 얻는다면 이는 시장의 효율성의 결과로 보는 것이다. 시카고학파인 밀튼 프리드만을 중심으로 카를 부루너, 앨런 멜처, 애냐 슈워츠 등 화폐의 중요성을 나타내는 이론들이 나타났다. 그러나 1970년대 이후 시카고학파로 대표되는 신자유주의는 금융부문에서 무절제한 규제 완화를 펴 결국 2008년 글로벌 금융위기를 초래했다는 비판을 받는다. 빚으로 자산을 구입하는 지나친 신용팽창이 시작되면서 자산 가치 버블을 낳았고 곧이어 경기침체와 더불어 나타난 신용경색으로 말미암은 이 거품의 붕괴와 더불어 글로벌 금융위기가 발생했다는 것이다.

케인즈는 그의 저서 '일반이론'을 통해 고전학파의 한계점을 지적하고 정부의 간섭과 예산확대가 필요하다고 주장했다. 불완전한 고용균형을 극복하기 위하여 재정적자를 발생시키더라도 투자, 융자 정책을 감행해 인위적으로라도 수요를 창출해야 한다는 것이 이론의 핵심이었다. 그런데 1970년 이후에 경기침체인데도 인플레이션을 경험하는 스태그플레이션이 발생하였다. 인플레이션을 규제하면 불경기가 심화되고 부양책을 쓰면 인플레이션이 더욱 악화되며 여전히 지속되는 진퇴양난의 상황이 나타났다.

빚을 빚으로 막다보니 위기극복을 위한 경기부양 조치 이후에도 빚의 누적으로 계속 경제를 괴롭히게 되는 것이다. 위기가 닥치면 정부는 차입을 통해 그 돈으로 민간의 빚을 탕감하는 악순환을 되풀이하는 것이다. 1930년 대공황 때도 그랬고 2008년 글로벌 금융위기 때에도 같은 방식이었다. 오늘날 유럽재정위기의 예에서도 보듯이 각국은 재무건전성을 위하여 국가채무와 사투를 벌이고 있다(매일경제, 2010, 8, 18). 우리나라도 새로운 정권이 들어설 때 마다 매년 약 100조원 이상의 국가 빚이 늘어나고 있다. 앞으로 빚의 증가는 헌법으로 규제해야 할 상항이 아니면 그냥 인기주의로 펑펑 써 대는 국가의 자원 낭비는 끝이 없을 것이다.

케인즈 이론은 이미 그 모순적 정체가 드러나고 있다. 유명하다는 것과 진실이라는 것 사이는 언제나 차이가 있는 것이다. 케인즈 이론은 유효수요의 창출을 중시하는 유동성선호설이다. 화폐의 자산기능을 부여하여 국가가 적절히 개입하여 확대재정금융정책을 통하여 경기부양을 한다는 이론이다. 그러나 그의 이론은 대량의 화폐발행을 하거나 국가가 큰 채무를 져도 무방하다는 정당성을 부여하는 이론의 성격을 가졌으며 그 정책적 후유증에 대해서는 매우 무책임한 이론이 아닐 수 없다. 따라서 그의 이론은 초국가의 글로벌금융재벌세력들의 각 나라의 화폐발행권을 장악하는 행위와 또한 대규모 화폐발행에 의한 이들의 이권 챙기기를 쉽도록 길을 열어주는 역할을 했다는 비판을 면할 수 없다. 그는 결국 미국의 달러 화폐발행권을 갖고 있는 FRB의 입장을 톡톡히 대변하는 역할을 해 왔기 때문에 실제로 이 세력과 어떤 커넥션이 있는지 혹은 이들의 각본에 의하여 움직여 왔는지 등의 그의 정체가 극히 의심스러울 정도이다.

사실상 그의 유동성완화의 정책은 일시적인 미봉책에 불과하였고 언제나 더 큰 문제점을 잉태하였던 것이다. 거의 모든 경제의 위기는 빚 때문에 터졌다. 글로벌 금융환경의 변화가 있을 때마다 방대한 빚으로 깊이 연계된 사슬은 많은 개인 및 기업의 파산, 국가의 부도사태까지 몰고 갔다. 우리나라의 1997년 IMF 외환위기 때에도 금융회사 부실과 차입위주에 의한 기업경영에 의한 빚더미에서 시작되었다. 그리고 2008년 글로벌 금융위기 때에도 우리나라는 외환부채가 너무 과중하고 외환유동성 부족으로 인하여 큰 위기를 겪었던 것이다. 금융위기를 겪을 때마다 모든 국가는 국채를 발행해서 금융위기 극복 및 경기부양을 위한 돈을 마련하게 된다.

만약에 국가가 필요한 자금 조달을 위하여 발행한 국채를 주로 국내에서 매각하고 또한 그 나라가 스스로 소유하고 있는 자국의 화폐발행권에 의하여 화폐를 발행하는 한 사후에 인플레이션 외에는 그리 큰 문제는 없을 것이다. 그러나 만약 그 자금을 위하여 외국에서 국채를 팔아 조달할 경우 또한 화폐발행권 마저 외국자본에 지배당할 때는 국가의 부채가 심각한 문제가 되고 그 대안이 제한되어 글로벌 금융환경의 변동에 따라 그 위험성이 더욱 커진다. 일본은 많은 대외자산을 갖고 있으며 또한 일본 정부는 국채를 일본 국민들에게 주로 매각하여 그 빚이 주로 국내용이기 때문에 다른 나라와는 달리 IMF외환위기를 잘 견디어 냈다 그러나 우리나라는 해외의 부채가 많아 유동성에 대한 취약성이 높아 IMF외환위기 때에 아주 위험한 상황까지 간 것이다.

글로벌 금융위기를 수습하기 위하여 각국정부는 추가적인 빚을 냈다. 미국도 국채를 발행하여 달러를 사들였다. 여기에는 FRB가 신규로 발행한 신규 달러화폐가 과반수를 차지한다. 미국 정부는 이 달러로 부실금융회사 및 기업들을 살리는데 투입하거나 경기부양정책에 사용했다. 이는 민간의 빚을 정부의 빚으로 전환시키는 과정이며 빚으로 빚을 모면하는 정책이다. 미국뿐만 아니라 대부분 모든 나라가 빚을 무서워하지 않은 채 무모한 빚 늘이기 경쟁에 돌입한 양상이다. 이로서 글로벌 금융위기를 일단 넘기기는 했지만 전 세계는 빚더미에 올라섰다. 그리고 물론 그 대가가 없을 리가 없다. 결국 각 나라의 재정위기에 의한 제2, 제3, 제4의 금융위기를 반복적으로 경험할 운명에 처한 것이다. 앞으로 글로벌 빚더미 경제는 버블과 침체사이를 오락가락하면서 계속 불안정한 성장을 추구할 수 밖 에 없는 운명이 된다(매일경제, 2010, 8,18). 그리고 이 글로벌 유동성 위기에 각 나라는 국가존망이 달려 있는 것이다.

3. 케인즈 이론에 대한 비판

2008년 미국의 부동산 경기의 침체 및 리먼브러더스 투자회사의 파산으로 시작된 글로벌 금융위기의 결과로 지금까지의 경제적 자유방임주의에 대한 심각한 반성을 하게 되었다. 많은 금융기관 및 그 대리기관에 대한 국가의 감독 및 통제가 강화되는 입법조치 및 변화가 나타나게 되었다. 이는 미국의 경제 정책의 주류가 자유주의를 중시하는 최근의 시카고학파로 부터 정부의 역할을 강조하는 케인즈 학파로 다시 회귀하는 의미를 갖기도 한다. 케인즈 이론은 국가의 개입에 의한 경제정책을 강조하는 거시경제이론의 대표적인 성격을 갖는다. 그러나 이러한 국가의 개입과 간섭 및 통제의 강화는 다음과 같은 장단점을 갖는다.

첫째, 이 장점으로는 국가가 화폐발행 혹은 확대 재정 및 금융정책을 통한 유동성 공급으로 당장의 경제적인 파국을 막음으로서 국민들의 생존의 문제를 일시 해결할 수 있다. 그리고 금융기관의 지나친 탐욕에 의한 부동산 담보 과다 대출 및 부실을 은폐한 파생상품의 과잉 발행 및 유통, 신용평가회사와 보험회사 사이의 부정적 담합에 의한 가격 왜곡, 유가증권 시가 평가를 기피하고 모럴 해저드의 방지 및 과다한 금융엘리트들의 보너스 등에 대한 공권력 규제나 통제를 통하여 또다시 글로벌 금융위기가 초래하는 것을 막는데 상당히 도움을 줄 수 있다.

둘째, 단점으로는 국가가 채권을 발행하여 경제문제에 적극 관여함으로서 국가채무가 증가하여 국가가 재정파탄 위기에 빠질 뿐만 아니라 국민들의 조세부담이 커지고 이로서 구매력 감소 및 경기침체를 초래할 우려가 있다. 그러나 과다한 달러 유동성 공급은 세계적인 인플레이션을 초래할 우려가 있으며 이 과정에서 부의 배분을 심각하게 왜곡하거나 강탈할 수가 있다. 특히 미국으로부터 사실상 독립되어 있는 초국가적 세계금융재벌의 지배를 받고 있는 FRB가 통화발행의 증가 및 금융기관에 대한 통제권을 장악함으로서 이 기관의 이권을 증대시키게 된다. 그리고 미국 국민들은 사실상 더욱 FRB의 경제적 식민지화 되는 것이다. 그리고 공권력의 갑작스러운 증대는 전반적인 경제활동을 위축시키고 채권발행 및 유통의 감소, 그리고 이에 따른 유동성 위기를 다시 초래할 우려가 있다.

셋째, 케인즈 방식의 확대재정금융정책은 시스템이 마비되는 것을 푸는 긴급한 경우에만 의미가 있을 뿐 그 이상의 경우는 오로지 투자의 비효율성만 초래할 뿐이다. 가계나 기업으로부터 세금을 거두어 많은 경우에 정부조직 유지 및 관리경비로 약 반 이상을 떼먹고 또한 나머지도 비효율적으로 배분 투자하게 된다. 뿐만 아니라 정부의 혜택이 이루어지는 곳과 경쟁관계에 있는 산업들을 대개 초토화시키게 된다. 이를테면, 우리나라 중소기업청, 중소기업진흥공단, 한국생산성본부, 한국능율협회 등이 정부로부터 천문학적인 예산을 배정받아 기업을 대상으로 베푸는 거의 무료로 가까운 경영컨설팅 서비스 때문에 우리나라 경영컨설팅 기업들을 대부분 죽음으로 몰아갔다. 그리고 여기에 소요되는 비용은 물론 국민들에 대한 과중한 과세로 부담시키게 되는 것이다. 정부의 개입은 대체로 사회에서 가장 효율적으로 부가가치를 창출하는 곳에서 세금을 거두어서 매우 비효율적인 곳으로 이를 재분배 할 뿐인 것이다. 이는 오직 부분적 단기적인 관점의 효과를 겨냥한 경우이며 정부가 국채를 발행하여 국가 채무를 늘이면 늘일수록 광범위한 장기적 경기침체의 원인이 될 것이다.

1929년 세계 대공황을 겪을 당시 미국의 루스벨트 대통령은 영국의 케인즈 교수의 유효수요이론이라는 거시경제학적 접근방법을 채택하여 문제를 해결한 바가 있다. 이때의 주요 사업으로는 금본위제도로부터 관리통화제도로 전환시키고 대규모의 공공사업 및 빈곤을 퇴치하는 복지정책 등을 위한 확대재정금융정책을 실시하였다. 이는 방대한 새로운 화폐 발행에 의한 유통성공급을 통한 경기부양 정책에 국가가 적극 개입한 것이다. 미국의 경제 침체는 이로서 해결되었고 케인즈의 이론은 매우 유명하게 되었다. 그리고 오랫동안 미국 및 유럽의 경제정책의 기조는 케인즈의 유효수요 이론의 기조에 놓여 있었다.

그러나 많은 국가들은 케인즈 이론이 인류 가난과 불행의 근본적인 문제 및 빈부격차의 모순을 단지 뒤로 미루었을 뿐인 그 본질적인 허구성을 너무나 쉽게 간과하였다. 마치 정부가 구세주인양 떠올리게 하는 것이 이러한 경제학자들의 유일한 마법이다. 따라서 이는 진정 새로운 경제학이 필요한 이유이기도 하다. 세계대공황의 실제의 문제는 계속 누적되고 그 해결이 미루어져 오다가 오히려 결국 그 뒤에 2차 세계대전 및 사회주의 등장과 같은 총칼에 의하여 수많은 사람들 사이의 유혈사태와 죽음으로서 일단 그 모순적 빈익빈 부익부의 불평등구조가 상당히 교통정리가 된 셈이다. 세계의 인구가 실제의 세계 경제적 부양능력을 초과하는 경우 아무리 화폐방출로 문제를 은폐한다고 해도 결국 전쟁과 혁명으로서 해결된다는 점에서 맬더스의 인구론이 이러한 현실을 잘 꿰뚫고 있으므로 흡사하게 적용될 수 있다고 할 수 있다.

케인즈 이론의 가장 큰 맹점은 국가가 경제 문제 해결이라는 명분하에 엄청난 빚을 진다는 점이다. 그리고 방대한 화폐공급으로 화폐발행권자가 인플레이션을 통한 강제적인 부의 강탈 행위를 하게 만든다는 것이다. 수요를 계속 촉발시키기 위하여 때로는 여기에 전쟁이 오히려 이론적으로 도움이 되기도 하며 이때의 전쟁비용도 화폐 발행으로 충당하면 된다는 논리를 정당회시킨 셈이다. 루스벨트 대통령 당시에 미국의 중앙은행인 FRB는 이미 초국가적인 세계자본이 지배한 독립적인 민영기관이었으며 화폐발행은 곧 이 기관의 이익이 되는 시스템으로 장악된 뒤였다(2008, 쏭훙빈, 화폐전쟁). 금본위제도로부터 관리통화제도로 전환시키고 대규모의 공공사업 및 빈곤을 퇴치하는 복지정책 등을 위한 확대재정금융정책을 실시하기 위한 방대한 새로운 화폐 발행 및 유통성공급은 기하급수적으로 FRB의 이익을 초래하게 된다. 이는 세계 인플레이션을 이용한 FRB의 부의 강탈행위이다.

그리고 이 FRB가 발행한 화폐는 미국 정부가 채권으로 교환하여 인수해 가서 사용했기 때문에 언젠가는 미래의 미국 국민에 대한 조세를 통하여 받을 수 있는 채권이며 그리고 이 채권은 수많은 세계의 국가나 금융기관에 매각되어 있는 상태이다. 이미 화폐발행의 이권은 미국 정부로부터 정부채권과 교환함으로서 FRB가 챙겼으며 또 이것이 전 세계로 유통됨으로서 미국 정부는 이 정부채권에 대한 빚을 갚지 않으면 안 되는 입장이다. 미국 국민은 화폐를 발행하면 할수록 미국 정부와 함께 갚아야 할 빚이 증가하는 것이다. 초국가적 성격의 세계금융재벌세력들은 FRB 뿐만 아니라 영국, 독일 프랑스 등 유럽의 주요 국가들의 중앙은행의 화폐발행권도 역시 장악하고 있다. 따라서 다른 나라들도 화폐발행 및 유동성증대를 통한 이 세력의 자본 재증식 과정의 전략들이 이제 그 다음에 앞으로 무엇을 겨냥할 것인가를 잘 분석해 볼 필요가 있다.

4. 시장결정경제학과 조직행동경제학

기존의 정치학, 사회학, 역사학, 경제학, 경영학 등과 상호 결합하는 종합학문적(interdisciplinary approach) 성격의 조직행동론(Organizational Behavior)의 방법론을 적용함으로서 세계총자본의 전체 움직임을 대상으로 포함한 많은 금융현상과 문제점에 대하여 보다 구조적이고 근본적인 원리에 접근할 수 있을 것으로 보았다. 필자가 이 책을 집필하게 된 동기는 이러한 새로운 각도에서 경제현상을 해석함으로서 더욱 현실적인 명쾌한 해답을 얻는 큰 소득을 얻을 수 있으며 또한 기존의 미시경제학, 거시경제학을 테두리를 넘어선 제3의 영역의 경제학의 등장의 필요성을 인식하였기 때문이다. 이는 경제학과 조직행동학의 새로운 융합의 의미도 갖는다. 전통적인 경제학은 거시든 미시든 경제를 수요와 공급, 경쟁 그리고 가격으로 구성되는 시장메카니즘에 신뢰를 두고 설명하려는 이론적 속성을 갖고 있다. 그러나 심리적이고 인위적인 의도, 조직적 노력과 단합, 전략, 정보의 공유나 은폐, 의사결정방법, 지지세력 확보, 지배구조, 정치적 역학관계, 어떤 제도나 정책 등이 어떻게 만들어지느냐의 여하가 경제를 좌우한다고 보는 소위 '조직행동경제학'을 새롭게 정립하고자 함이다. 이는 조직행동론의 학문이 경제현상을 설명하는 데도 매우 유용할 수 있다는 가능성을 결코 놓치고 싶지 않기 때문이기도 하다. 합리성의 가정을 거부하기 때문에 조작적인 작전으로 비현실적인 버블(bubble)이 형성되었다가 꺼지는 금융위기나 대공황의 설명이 가능하다. 다행히 최근에 확실한 합리성 가정이 아닌 불확실한 비합리성에 입각하여 기존의 미시, 거시경제학과는 다른 '행위경제학' 혹은 '행동경제학(Behavioral Economics)'이 약 10년 전부터 시도되어 왔음을 알고 있다. 2001년 노벨경제학상 수상자인 로지프 스티골리츠 컬럼비아 대 경제학자 교수도 다음과 같이 고백했다. "주류경제학에 중대한 오류가 있었다. 경제참가자들이 합리적으로 행동하고 금융시장이 경쟁적이고 효율적일 것이라는 전제가 지나치게 이상적이며 비현실적이다. 개인과 금융사 등 경제주체들의 비합리적 현실적인 행동에 근거하는 새로운 이론을 만들어야 한다. 합리성에 의하여 경제를 움직이게 만드는 '보이지 않는 손'은 사실상 보이지 않는 것이 아니라 아예 없는 것일 수도 있다."

2008년 글로벌 금융위기가 터진 이후 경제학은 냉소와 비난을 견뎌내야 했다. 노벨경제학상 수상자자인 폴 크루그먼 프린스턴대 교수는 "지난 30년간 영미대학에서 거시경제학 강의는 시간 낭비였다"고 단언했다. 조지프 스티글리츠 컬럼비아대 교수도 "자유시장이 경제에 재난을 몰고 올 수 있음을 목격했다"고 지적했다. 그 중에서 가장 큰 도전에 직면한 이론 중 하나는 금융경제학의 '효율적 시장 가설(Efficient Market Hypothesis)이다. 이는 이용가능한 모든 정보가 시장가격에 즉각적으로 반영되므로 과거정보를 통해 미래가격을 예측하는 것은 불가능하다고 보는 이론이다. 사실 효율적 시장 가설에 의문을 표시하는 연구는 금융위기 이전에도 꾸준히 이루어져 왔다. 모든 투자자들이 경제적으로 합리적 선택을 하지 않으며 이를테면 증권시장은 비이성적으로 움직이는 일이 비일비재 하기 때문이다. 효율적인 시장가설 주창자들은 "시장에 거품이 형성될 수 없으며 거품이 형성되더라도 정보 우위의 투자자가 이를 제거할 것이므로 거품은 지속될 수 없다"고 믿고 있다. 2008년 글로벌 금융위기 때 불거져 나온 신용부도스왑(CDS), 부채담보부 증권(CDO) 등 복잡한 금융공학 상품들이 바로 이 가설을 바탕으로 고안됐다. 월가 금융공학자들은 이들 상품이 위험을 제거했기 때문에 안전하다고 믿고 판매했던 것이다. 하지만 2007년에 터진 서브프라임 모기지 사태가 효율적인 시장 가설에 대해 큰 불신을 안겨준 것은 사실이다. 1990년 300억 달러에 불과하던 미국 서브프라임 대출은 이후 모기지 채권으로 재포장되면서 시장에서 날개돋인 듯 팔려나가 2005년에는 6250억 달러로 늘어났다. 더욱 이상한 것은 이기간 이자율이 올랐는데도 대출은 점점 늘어났으며 대출조건은 점점 느슨해졌다는 사실이다. 결국 2007년 비이성적인 시장이 폭발하면서 서브프라임 모기지 채권 값은 나락으로 떨어지고 파생상품을 거래했던 월가 금융기관들은 줄줄이 부도의 위기를 맞게 되었다. 거짓이나 사기행위도 합리적인 가설속에 집어넣었기 때문에 예측 할 수 없는 현상이다. 폭락한 시장가격을 균형수준으로 끌어올릴 것이라고 예상했던 효율적 시장 가설은 작동하지 않았으며 당시 바닥까지 추락했던 금융공학 상품들은 3년이 지난 지금까지도 균형가격을 찾지 못하고 있다.

이렇게 효율적인 시장 가설이 힘을 잃으면서 경제학과 심리학을 결합한 '행동경제학' 급부상하기 시작했다. 과학자들이 인간의 두뇌활동이나 심리상태 등을 연구해서 경제적 의사결정이 어떻게 이루어지는지 파악하는 것이 행동경제학의 기초이기 때문이다. 황윤재 서울대 경제학과 교수는 "위기 이후 시장의 효율성과 경제주체의 합리성에 대한 생각이 바뀌고 있는 것 같다. 경제학에서 행동주의와 같은 이론이 조명을 받고 있는 것은 새로운 경제학의 필요성에 대한 공감대가 형성됐기 때문"이라고 밝혔다. 효율적인 시장 가설에서 설명하지 못한 '이성적인 투자자들이 만든 시장불균형'을 행동주의 경제학에서 설명해 준다. 투자자들이 비이성적이라고 믿기 때문에 비효율적인 시장도 설명이 가능하다는 것이다. 행동경제학의 학계의 대표자 중 하나인 댄 애리얼리 듀크대 교수는 "이번 경제 위기는 파생상품이 매우 복잡해 사기를 쳐도 괜찮다는 생각이 커지면서 발생했다"고 분석하기도 했다. 특히 행동경제학자들은 공정성도 경제 주체에게 중요한 고려요소 중 하나라고 지적하고 있다(매일경제, 2010, 8, 24, 한예경 글).

그러나 이러한 행위경제학 혹은 행동경제학의 주장들은 너무 개념의 범위가 너무 좁아서 필자는 월씬 넓은 영역의 '조직행동경제학'이라는 종합학문으로 달리 제시하고자 한 것이다. 그러나 경제학을 미시경제학, 거시경제학, 조직행동경제학의 3가지로 나누는 것도 역시 바람직하지 않다.

국가의 개입에 의하여 재정금융정책을 주로 펼치는 케인즈의 거시경제학은 거시적인 수요, 공급, 가격의 메카니즘 이외에 국가의 공권력의 작용이라는 의미에서 이미 이 조직행동경제학 영역의 포함된 부분집합적 일부가 될 수 있을 것이기 때문이다. 그리고 미시경제학의 영역에서도 따지고 보면 수많은 조직행동적 접근이 혼합되어 있기 때문이다. 즉, 미시경제학에도 시장결정과 조직행동의 두 영향이 작용하고 동시에 거시경제학에도 시장결정과 조직행동의 두 영향이 작용하기 때문이다.

가령, 미시적인 자본시장에서 주가를 결정하는 것은 자금의 수요, 공급에 의해서만 좌우되는 것이 아니라 각종 금융관련 정책이나 제도, 기관투자가들의 의사결정, 작전세력들의 인위적 조작적인 행위, 단합 등이 자본시장에 큰 영향을 미치는 것이다. 다른 예로서 거시적인 글로벌 금융현상에서도 국제금융재벌세력들의 화폐발행권 탈취, 기축통화고수, 금융카르텔 형성, 지원세력구축, 방대한 통화발행, 과잉유동성공급 직후의 긴급회수전략, M&A전략, 원자재매점매석, 세계은행추진 등으로 보다 더 잘 설명하고 있기 때문이다.

따라서 필자의 생각에는 경제학이 크게 미시경제학과 거시경제학으로 분류되기 보다는 오히려 시장결정경제학과 조직행동경제학으로 크게 나눈 다음 이를 다시 각각 미시와 거시로 세분하는 것이 더욱 바람직 할 것이라고 생각된다. 즉, "미시시장결정경제학", "거시시장결정경제학", "미시조직행동경제학", "거시조직행동경제학"의 4 가지로 분류하는 것이다. 이 4 가지의 경제학이 종합적으로 기여할 때 앞으로의 불확실성이 매우 높은 경제현상들을 더욱 잘 설하고 예측할 것으로 사료된다. 미시든 거시든 시장결정경제학은 수요, 공급, 경쟁, 가격으로 구성의 시장 메카니즘을 주로 연구 대상으로 하며 반면에 미시든 거시든 조직행동경제학은 이 시장 메카니즘을 둘러싼 배경이나 룰(rule)이 그 연구의 관심이다. 비유적으로, 이는 링 위의 권투선수의 게임과 이 게임을 둘러싼 심판규칙, 심판자, 시합시간, 공간 등의 내용으로 양분하여 구분해 보는 것과 흡사하다. 이 때 권투선수들의 승패는 전자뿐만 아니라 후자의 영향도 심대하게 받는다. 기존의 경제학은 "미시시장결정경제학", "거시시장결정경제학"의 2가지에 해당된다고 하겠다. 필자는 앞에서 언급한 중국 쑹훙빈의 저서 화폐전쟁1.2는 바로 이러한 '거시조직행동경제학', 그리고 화폐전쟁3은 '미시조직행동경제학'의 접근방법의 성공적인 전형적인 적용의 예라고 평가해 볼 수 있을 것이다. 그는 세계경제를 움직이는 거시적인 큰 손을 보다 크게 현실적으로 인식한 다음 중국의 내부경제의 문제도 같은 조직행동론적 방법으로 접근한 셈이다.

시장결정경제학에서 미시적 접근이 거시적 접근으로 환원될 수 없는 이유로 개인의 저축은 미덕이지만 나라의 전체로는 소비가 필요하다는 경우를 자주 예로 든다. 반면에 조직행동경제학에서도 미시적 접근이 거시적 접근으로 환원될 수 없는 이유로 다음과 같이 예를 몇 가지로 들 수 있다.

첫째, 자본자유화는 해외자본의 유입과 국내투자를 촉발하여 경제 활성화에 도움이 되겠지만 세계총자본세력의 위협하에 놓이고 글로벌 유동성 위기를 초래할 수도 있다. 둘째, 한국은행의 독립은 국내적으로 경제민주화로 발전하는 모습이지만 글로벌국제금융재벌세력에게 경제주권을 빼앗기고 종속될 우려가 있다. 셋째, 환율인하는 국내물가안정을 초래하여 서민생활의 만족을 주지만 외환보유부족으로 국가부도를 초래할 수 있다.

시장결정경제학에서는 화폐발행권에 대한 관심이 별로 없다. 그러나 오직 거시든 미시든 가격, 수요, 공급으로 구성된 시장메카니즘에 대하여 주로 논한다. 그러나 조직행동경제학은 금융현상 및 경제현상을 설명할 때, 화폐발행권 뿐만 아니라 국재발행권, 재정금융정책, 유동성 조정 능력, 중앙은행 독립성 여하, 환율조정능력, 과세수준결정권 및 수입금지 조치, 금융자유화 정책, 금융기관 감독권, 지하경제규모, 불평등구조, 경제법제정권, 정치권력결탁 등에 대한 관심이 크다. 그리고 조직행동경제학의 접근방법에서 많이 쓰이는 방법론은 주로 기존의 많은 데이터나 단서를 포괄하여 논리적으로 모순 없이 설명할 수 있는 종합적 가설체계를 만든 다음 이를 통하여 현실을 해석하거나 예측하는데 사용한다. 그리고 이 가설체계는 앞으로 어떤 새로운 모순적 현상과 부딪힐 때 마다 수정되면서 더욱 진화할 것이다. 특히 거시조직행동경제학의 대상은 그 실체가 너무나 방대하기 때문에 이러한 방법론 외에는 다른 좋은 길을 찾기가 어렵기 때문이다. 그리고 이 책에서 불가피하게 인터넷이나 매스콤의 자료를 많이 활용한 것은 현재 진행 중인 금융현상을 추적하여 여러 이슈들을 오늘날의 급변하는 세계 환경과 연관시켜 해석하려고 했기 때문이다.

2장 글로벌 경제환경의 특징

1. 글로벌 금융위기의 반복 가능성

지난번 2009년도에 필자가 쓴 “글로벌 금융위기”라는 책에서 필자가 강조하고 예견 했던 대로 글로벌 금융위기가 또다시 반복될 조짐을 보이고 있다. 지금 세계경제는 마치 살얼음판을 내딛는 것과 같은 위태위태한 상황이다. 전 세계에 깔려있는 파생상품이 무려 600조 달러에 이르면서 모든 국가, 금융기관, 대기업 등을 서로 긴밀하게 얽어매고 있다. 그리고 정보기술의 발달로 금융자산의 흐름이 거의 빛의 속도로 움직임으로서 그 유동성이 매우 빠르게 움직이고 있다. 따라서 이러한 스피드 시대에는 한 곳의 파산은 곧 도미노 현상을 일으키면서 곧 전 세계의 금융위기로 쉽게 파급될 가능성이 항상 놓여 있다. 이를 비유적으로 말하자면 거대한 지역에 휘발유가 뿌려져 있어서 마치 성냥개비 하나로도 온 천지를 불바다가 될 수 있음과 같다. 그런데 이 성냥개비에 해당되는 심각한 부채의 증가 현상이 지금 세계 곳곳에 널려있는 상황이다. 이는 지난번에 돈 거품 때문에 발생했던 글로벌 금융위기를 근본적으로 치유하지 않은 채 단순히 돈 거품으로 막았었기 때문이다.

지금 이 누적된 거품이 더 큰 굉음을 내면서 붕괴될 위험이 구체적 현실로 점점 다시 다가오고 있는 것이다. 거대한 빚더미 위에 세워진 글로벌 경제의 틀은 반드시 깊은 글로벌 금융위기로 치닫게 될 것이기 때문이다. 근본적으로 가계 및 기업, 정부의 부채가 크게 증가하고 구매력이 매우 떨어지고 있기 때문에 아무리 다시 유동성 공급의 거품으로 이를 막는다고 해도 제 2차의 글로벌 금융위기가 다가오는 것을 피할 수는 없다. 다만 이것을 임기응변 조치로 질질 끌지만 결국 언제 터지느냐의 문제일 뿐, 또다시 글로벌 금융위기를 만나게 되는 것은 인류의 운명이다. 그리고 앞으로 세계경제의 지각변동으로 경제적 구조와 판도가 크게 달라질 계기가 될 것이다. 수많은 국가와 기업들이 파산하고 또한 굶어죽는 사람들이 전 세계에 대규모로 속출할 것이다. 그리고 희소자원을 둘러싼 투쟁, 그리고 각자의 생존방식을 둘러싸고 전략의 충돌. 책임전가의 공방전, 혼란과 전쟁 등으로 이어질 가능성도 크다.

지금 미국 및 유럽은 사실상 초국적 세계총금융자본 혹은 국제금융재벌세력에게 중앙은행의 화폐발행권을 빼앗기고 사실상 이들의 경제 식민지로 떨어진 상태이다. 국가부채의 누적, 산업경쟁력의 약화 등으로 세계의 패권적 지위가 무너지거나 몰락할 매우 불안한 위치에 놓이게 되었다. 미국 국민들은 지금까지 국제금융재벌세력들의 자본재생산 과정을 자국이나 자신들의 경제발전으로 착각하였다. 그러나 이제 미국은 유럽과 마찬가지로 국적 없는 초국적의 국제금융재벌세력에게 종속되어 영구히 그 대리적인 역할을 수행해야 할 불행한 운명이 되었다. 미국 및 유럽 열강은 세계총금융자본의 '달러화폐발행권 장악 및 인플레이션'에 의한 세계 부의 강탈행위와 '유동성과다공급 및 긴급회수전략'을 통한 소위 경제적 '양털깍기'의 앞잡이 노릇을 하게 되었다.

세계역사는 부익부 빈익빈의 자본축적의 역사라고 할 수 있다. 중심축이 실물경제에서 금융경제로 바뀌면서 그 불평등 현상의 가속도가 붙게 되었다. 글로벌의 시대 혹은 세계화과정은 정보통신기술의 발달, 공산진영의 몰락과 자본주의 세계에의 편입, 다자간 혹은 양자간 국제협약에 의한 관세장벽 철폐 경향, 영어를 비롯한 일어, 불어, 중국어와 같은 국제 언어, 달러를 중심으로 한 엔, 위안화, 파운드 등과 같은 기축통화 및 국제통화 등으로 더욱 촉진된 셈이다. 그리고 글로벌 금융위기는 이 현상을 더욱 크게 강화시킨 계기가 되었다. 지구상의 모습은 이제 점점 또 다른 하나의 세계와 또 다른 하나의 저항으로 정리되는 경향을 보인다. 초국적 세계총금융자본은 이미 미국과 유럽을 성공적으로 정복한 효율적인 자본재생산을 위하여 다음 순서의 가치 있는 대상으로서 당연히 이슬람세계와 동북아세계를 고려하게 될 것이다. 이 두 지역 중 세계자유시장경제제제에 보다 많이 편입되어 있는 한·중·일의 동북아세계를 우선적 타킷으로 할 것이 명확하다. 이 초국적 국제금융재벌세력들은 약점이 노출되는 기회가 생기면 동북아시아 한국, 일본, 중국을 희생양으로 모질게 몰아 부칠 것이다. 국제금융재벌 세력들은 자신들의 부도덕한 금융전략을 통한 탐욕과정을 은폐시키고 또한 미국의 경제실패를 동북아시아의 한중일의 무역이나 환율 등의 책임으로 관심을 돌리고 있다. 바야흐로 '글로벌 경제전쟁'이 시작된 것이다. 글로벌경제상황은 시장결정적 속성과 조직행동적 접근이 함께 혼합되어서 움직인다. 따라서 순진하게 시장결정적 속성에만 근거하여 전통적인 미시경제학 혹 거시경제학의 접근을 하면 글로벌 금융전쟁의 진정한 실체와 전략을 제대로 보거나 이해하지 못한 채 그대로 당할 수 밖에 없을 것이다. 이제는 동북아 지역도 이러한 서구의 세계총자본세력에 대항하여 강력한 공조체제 및 블록 유대를 수립하여 능동적, 효율적으로 대처하지 않으면 안 될 것이다.

2. 제2의 글로벌 금융위기의 근본 속성

미국의 S&P 신용평가회사에 의한 미국의 신용등급의 하락을 계기로 시작한 소위 "제2의 글로벌 금융위기"는 초국적 세계총금융세력들이 달러 혹은 유로화 화폐발행을 통한 폭리를 취하는 탐욕 및 금융전략의 일환으로 시작되는 사건이라고 추정된다. 그리고 또한 이는 그 전의 "제1의 글로벌 금융위기"의 후유증 현상과 밀접하게 결합되어 있다고 할 수 있다.

제1의 글로벌 금융위기의 주원인은 유동성 범람의 과열경기 거품이 꺼지면서 갑작스러운 부동산 하락으로 말미암아 이러한 부동산의 담보 채권을 근거로 발행된 파생상품의 대폭락및 연쇄 금융기관의 부도사태가 이어졌기 때문이다. 이때 유동성 범람과 초저금리는 FRB의 의도된 정책과 함께 거액의 경상수지 흑자를 낸 차이나 머니나 경기과열로 석유수입 증가 및 가격인상 배경으로 하는 중동의 오일머니가 미국에 과도하게 유입되어 미국의 장기금리를 필요이상으로 끌어내렸기 때문이었다. 한 때 세계경제가 큰 위기에 빠졌던 투자은행 리먼브러더스 파산으로 비롯된 미국 뉴욕발 이 "글로벌 금융위기"라는 현상은 단순한 빙산의 일각에 불과한 시작일 뿐이며 실제로는 앞으로 더 놀라운 경제의 지각변동과 대 폭발을 초래할 잠재성과 반복성을 갖고 있다. 미국의 부동산의 폭락으로 빚어진 경제의 불황이 파생상품의 복잡성, 정보기술의 상호연결성과 스피드 거래로 말미암아 전 세계의 대공황으로 급속히 번져갔고 각 나라의 금융기관들이 위태로운 글로벌 금융위기 현상을 경험하게 된 것이다. 그러나 그 당시 이러한 모순에 대하여 각 나라들은 근본적인 해결을 하지 않은 채 단지 돈 거품이 빠진 것을 단지 돈 거품의 추가 유동성 공급으로 막아서 피해 갔다. 그리고 이것의 후속적 충격은 인류의 대다수를 엄청난 가난과 고통의 질곡으로 더욱 몰아넣을 것이다.

최근 이 글로벌 금융위기는 세계의 각 국가들이 경기 부양정책으로서 방대한 화폐량의 공급으로 유동성을 증가시켜서 일시적으로 문제를 해결한 듯이 보인다. 그러나 근본적인 문제가 해결되지 않은 채 돈으로 발생한 돈 거품의 붕괴를 다시 돈으로 채워 넣는 방식으로서 구조적인 모순이 전혀 해결되지 않고 그 문제들이 더욱 누적되기 때문에 마치 브레이크가 고장 난 차량처럼 걷잡을 수 없는 위험의 파국으로 질주하고 있는 듯 보인다. 그러나 이러한 피상적 일시적 접근은 앞으로 심각한 모럴 해저드의 가능성을 잉태하게 되었다. 그리고 이때 각 나라의 확대 재정금융정책에 의한 경기부양정책은 과도한 유동성 공급으로 말미암아 각 나라의 재정 상태를 크게 위태롭게 하였고 또한 가파른 인플레이션을 불러일으키고 있었다. 소위 "제2의 글로벌 금융위기"가 도래한 것이다.

이번 그리스 발 유럽의 재정위기(혹은 제2의 글로벌 금융위기)는 리번 브러더스 파산으로 비롯된 제1의 글로벌 금융위기는 서로 다음과 같은 특징적 차이가 있다. 첫째, 리먼 사태는 모기지 대출 즉 소비자 대출의 문제였던 반면 유럽위기는 국가에 대출 즉, 일부국가의 모라토리움 혹은 채무불이행의 문제이다. 둘째, 리먼 사태는 대출의 문제라기보다는 사실상 파생상품이 안고 있는 모순이었다, 미국의 가장 경쟁력을 가졌다고 볼 수 있는 메릴린치, 베어스턴스 등 대형투자은행(IB) 들이 당시 도산한 것은 파생상품에서 막대한 손실을 입었기 때문이다. 파악하기 어려울 만큼 어마어마한 규모로 형성된 불확실성의 속성을 가진 파생상품시장이 존재했다는 것이 파산의 배경이다. 그러나 이번 유럽 재정위기는 일부 국가의 재정 및 부채의 문제로 나타났다. 남유럽 국가들이 포퓨리즘 경기부양 및 복지정책으로 재정이 어려워지면서 국가의 디폴트 가능성이 커진 것이다.(한국경제, 2010, 6, 5, 조익재 글)

미국은 근래에 이미 제조업 분야의 경쟁력을 많이 성실한 상태이며 또한 냉전체제가 종식됨에 따라 그동안 주요한 비중을 차지하고 있던 방대한 우주항공 및 군수산업도 그 축소를 면치 못하게 되었다. 그리고 케인즈 경제사상에 익숙해진 미국 국민들의 고도의 과소비 경제 관행은 결국 만성적인 재정 및 무역의 적자를 초래하였다. 따라서 이제는 미국이 달러를 찍어내어 먹고 살아야 하는 비정상적인 경제체제로 전락하였다. 더군다나 미국정부는 지금 스스로 독립하여 달러 화폐를 발행할 권한마저도 상실하였다. 미국의 연방준비은행(FRB)는 사실상 미국정부의 영향력을 벗어나 초국적 세계총금융세력의 지배하에 있으며 화폐발행의 권한도 이 세력이 갖고 있다. 미국 및 세계의 인플레이션을 조장한 대가로 얻는 추가 달러화폐 발행의 실익도 고스란히 이 초국적 세계총금융세력에게 귀속되는 것이며 미국은 오직 정부 채권과 교환하여 이 발행한 달러를 FRB로부터 빌려 쓰는 것뿐이다. 그러나 미국은 FRB로부터 빌려 쓰는 달러의 원금은 갚지 않고 이자만 갚아도 되는 관행이 이루어져 왔다. 이것은 FRB와 미국 사이의 윈윈전략이다. 그리고 미국은 FRB를 통하여 초국적 세계총금융자본세력의 이익을 실현해 주는 수단적 장치로 전락한 셈이다. 미국은 경제가 어려울 때 마다 FRB로부터 계속 빌린 달러를 방출하여 세계경제를 인플레이션으로 희생시키면서 자신들의 문제를 해결해 온 셈이다.

지금 이 초국적 세계총금융세력들의 최대 관심은 달러를 대량으로 발행하여 그 폭리를 취하는데 있다고 보아진다. 제1의 글로벌 금융위기 이후 제1차 양적완화정책으로 1조 4000억 달러, 그리고 제2차 양적완화정책으로 6000억 달러를 방출하여 세계의 인플레이션과 환율전쟁을 일으켰다. 그리고 다시 제3차 양적완화정책을 시도 하려고 하고 있다. 그러나 이 제3차 양적완화정책에 대하여 마침내 러시아와 중국 등 많은 국가들의 참아왔던 불만이 봇물 터지듯 폭발하였다. 러시아의 총리 푸틴은 “미국의 경제는 세계경제를 좀먹는 기생충이다”라는 극언까지 했고 중국의 언론은 “세계의 경제는 미국의 경제의 엉덩이를 걷어차야 하다”라고 하였다. 그런데 자존심 많은 미국은 이상하게도 이러한 과격한 주장에 대하여 거의 반대 공격을 삼가고 오히려 이런 논쟁을 피하였다. 그 대신 2013년 중반까지 제로금리를 실현하연하겠다고 수정 발표 하였다. 그러나 제로금리란 양적완화정책의 단지 다른 표현방법일 뿐

실제로는 똑 같은 의도임에 주목하여야 할 것이다. 화폐의 무제한 공급 없이는 사실상 제로금리가 원래 원초적으로 실현 불가능한 일이기 때문이다. 그리고 2013 중반까지는 세계유동성 위기를 초래하여 3차 양적완화 정책의 명분을 획득하고 이를 실시하기에 충분한 여유가 있는 시간이기도 할 것이다.

미국이 이제 대규모 양적완화정책을 실현하려면 우선 이러한 달러를 찍어내는 명분 축적을 할 필요가 있다. 그리고 이를 위하여 극심한 세계경제의 불안을 조성하여 달러사재기를 통한 달러의 수요를 창출하여야 한다. 최근 미국신용등급의 하락 조치는 달러 화폐 발행의 폭리를 취하려는 FRB 및 국제금융재벌세력과 여기에서 대규모 달러를 차용하여 경기부양에 쓸려는 미국정부와 그리고 국제금융재벌세력의 사주를 받은 S&P(Standard & Poor's) 신용평가회사 사이의 결탁에 의한 작품으로 추정된다. 미국의 신용등급 하락뿐만 아니라 최근 국제적으로 유명한 많은 신용평가사들이 일제히 부지런히 나서서 일본, 그리스, 이탈리아, 스페인, 프랑스, 영국 등의 나라들과 주로 유럽의 금융기관들의 신용등급을 무더기로 줄줄이 강등시키는 시도를 하는 것도 또한 이러한 세계경제의 불안조성을 위한 국제적 작전의 같은 맥락이라고 이해되어 진다. 피치 레이팅(Fitch Ratings)은 스페인, 이태리 신용등급을 강등시키고 무디스(Moody's)는 그리스 디폴트 우려로 인한 부실자산 증가, 자본확충 필요성, 신용경색 등을 감안하여 영국은행 12곳, 포르투칼 은행 9곳의 신등등급을 강등시켰다. S&P도 벨기에 최대은행 덱시아의 신용등급을 한 단계 강등했다.

신용평가사는 공정한 심판자인가 아니면 불난 집에 부채질하는 공포의 전도사인가? 국가의 재정적자와 악성부채에 대하여 금융시장이 별로 심각하게 받아들이지 않는 상태에 오히려 신용평가사들이 선도적으로 충격을 던져 오히려 문제를 더 크게 일으키고 있는 것이 아닌가? 3개월 동안 무려 20회, 14개 국가에게 소나기식 무더기 신용등급강등을 시도했다. S&P, Fitch, Moody's는 흔히 세계 3대 신용평가회사라고 일컬어진다. 신용평가사들이 던진 돌멩이에 맞아 휘청거리는 EU는 당장 이러한 신용평가사들의 무책임한 행동에 심히 반발하고 있다. 신용평가사들이 바로 금융위기의 주범이라는 견해도 있다(조선일보, 2010, 5, 10). 그러나 신용평가사들이 세계 금융시장에 파문을 일으키는 능력에는 이유가 있다. 세계 각국의 중앙은행을 비롯한 기관 투자자들은 내규에 신용평가사들이 내린 등급에 기초하여 담보를 쌓고 투자를 하도록 되어 있기 때문이다. 신용평가사들은 근본적으로 이해상충의 요소를 안고 있어 강자에게 약하고 약자에게 강한 평가를 내린다는 비판도 끊이지 않고 있다. 신용평가사들은 신용등급을 매기는 대가로 금융상품을 만드는 회사에서 수수료를 받고 있기 때문이다(조선일보, 2010, 4, 30). 이로 말미암아 신용평가사들이 자연히 초국적 세계총금융자본세력의 영향 하에 종속되어 갔다고 보아진다. 그리고 미국의 많은 유명 경제학자들도 여기에 가세하여 세계경제의 위기를 조장하고 있다. 이들은 미국과 유럽의 화폐발행권을 장악하고 있는 초국적 세계총금융자본세력의 앞잡이가 되어 대규모 달러나 유로화의 발행의 명분을 쌓고 전 세계가 이를 애걸할 때 까지 그러나 완전 파국에는 이르지 않을 때까지 극한의 위기조성을 하는 사명을 띠고 있을 것이라는 의심을 받고 있다. 우리는 많은 미국의 매스컴과 유명인사들이 국제금융재벌세력의 앞잡이 역할을 할지도 모르기 때문에 쉽게 믿지 말아야 할 이유가 있다. MIT 미국경제토론회에서 하버드대학 경제학과 교수 멘큐의 경고도 공연한 위기조장의 의심을 받지 않을 수 없다(한국경제, 2011,10,11). 영국 파이넨셜타임즈(FT)의 수석경제평론가(chief of economic commentator)인 마틴 울프(Martin Wolf)도 초국적 국제금융재벌세력의 대변인 역할을 톡톡히 하는 모습을 보이며 다음과 같이 말하고 있다.

“선진국의 경제가 일본식 장기침체에 빠질 가능성이 크다. 이 무서운 시기에 미국의 오바마 대통령이 충분한 경기부양책을 쓰지 않았다. 경기부양책의 목적은 빚더미에 앉은 미국의 가계가 그 빚을 줄일 수 있게 돕는데 있다. 그리고 빚을 갚기 위하여 가계가 소비를 줄인다면 이 문제를 방법은 오로지 정부가 나서는 것 뿐이다. 이 방법밖에는 없다. 만약 정부가 이 일을 그만 둔다면 결과는 바로 불황이다. 불황을 방치하자는 말은 아주 무책임한 주장이다. 지금 미국 정부는 FRB나 외부에서 돈을 빌릴 수 있는 충분한 여력이나 여건이 되는데 왜 스스로 불황을 자초해야 하는가? 더구나 이 불황은 정치적 위기를 낳을 수 있다. 1930 년대에 대공황은 2차 세계대전으로 결말이 났다. 이러한 전쟁의 방향으로 가도 좋다는 주장은 이유야 어떻든 미친 소리다. 대중들이 가난으로 극한 상황에 몰리면 혁명이나 전쟁이 일어나는 것은 당연한 법칙이다. 외환보유고를 많이 쌓은 신흥국들이 적극적으로 중장기 소비수요를 늘여야 한다. 그리고 중국이 위안화 평가절상하고 신흥국들이 외환보유고를 안심하고 투자처를 찾아 쓸 수 있도록 중앙은행 간의 통화스와프를 확대하여야 한다.”

화폐를 추가로 많이 발행하기 위하여 세계경제가 완전 낭떠러지로 떨어지지 않는 한의 범위에서 적어도 한 두 개의 국가의 디폴트나 거대한 금융기관의 부도처리를 초국적 국제금융재벌세력의 계획 속에 포함되었을 가능성이 있다. 이는 참으로 위태위태한 게임이 아닐 수 없을 것이다. 잘못하면 전 세계에 국가 및 기업, 금융기관들의 부도사태가 도미노 현상처럼 번지게 되고 이로서 세계경제가 완전히 망가질 가능성도 있기 때문이다. 극단적인 위기 상황이 오면 전 세계는 미국만을 처다 보면서 양적완화정책을 빨리 대규모로 시행하여 달러를 많이 풀어주기를 애타게 절규하며 요청할 것이다. 이렇게 명분이 축적되었을 때에 이르러 비로소 미국은 마지못하여 달러를 마구 찍어내면 되는 것이다. 그리고 만약에 달러가 무제한 공급된다면 세계경제의 위기는 방대한 유동성공급에 의하여 쉽게 그 위기를 모면할 것이다. 그러나 이것 역시 문제를 해결한다고 하더라도 근원적인 해결책이 아니며 지난번 제1차 글로벌 금융위기 때와 마찬가지로 임시적 피상적인 접근일 것이다. 그리고 양적완화정책의 명분을 확보하기 위하여 지나치게 위기를 지나치게 조장하다 보면 대공황이나 세계혁명 혹은 세계 전쟁을 유발하여 이 와중에서 지금까지 쌓아온 기득권을 빼앗기거나 보유자산의 가치 하락을 초래 할 수도 있다. 그래서 적정한 수준의 원했던 양적완화 목표만 달성하면 세계경제의 위기를 조장하는 시도는 곧 거두어 드릴 것으로 예상된다. 즉, 초국적 금융재벌세력은 화폐발행을 통한 이익의 가능성과 이를 위한 세계경제 파탄의 위기조성으로 말미암은 손실의 가능성을 상호 저울질 하면서 외줄타기와 같은 쇼를 하고 있다고 사료된다.

1971년 미국은 방대한 재정적자와 낮은 성장률, 치솟는 물가 등을 포괄적으로 해결하려는 조치로서 임금과 가격을 통제하고 화폐발행을 시도하려고 하였다. 이 때 미국은 스스로 1944년 뉴햄프셔주의 브레튼우즈에서 미국의 주도로 확립한 금태환(兌換)제도, 즉, 각국이 미국에 달러를 제시하고 금과 교환을 요구하면 미국정부가 달러를 금으로 바꿔주는 것을 보장하는 시스템을 폐지한 것이다. 각국으로부터 막대한 규모의 달러표시 부채를 짊어지고 있던 미국으로서는 블레튼우즈에서 약속한 대로 금 한 온스당 35달러에 금으로 바꿔달라는 요구에 모두 응할 만큼 충분한 금을 보유하지 못하고 있었다. 미국은 이를 계기로 달러를 마구 찍어내고 외국통화에 대해 달러를 평가절하 하는 수단을 갖게 된 셈이다. 그리고 이로서 세계는 역사상 최악의 높은 인플레이션과 심각한 경기침체가 결합된 스태그플레이션을 경험해야 했으며 늘 해결책은 추가적인 양적완화정책이었다. 1971년 닉슨 정부 때 1달러의 구매력은 지금 18센트까지 추락했다. 이는 달러를 찍는 것을 남발한 인플레이션으로 72%의 세계자산이 부로소득으로 어느 누구에게 옮겨졌음을 의미하며 그 대부분의 이익은 화폐발행권자가 가져간 모순이 있음은 말할 것도 없다. 세계가 양적완화정책의 모순으로 빈익빈 부익부를 심화시키는 체제가 되었고 또한 대중들의 구매력 상실은 당연히 세계의 경기침체로 이어지는 것이다. 이를 비유적으로 말하자면 어항의 물을 대부분 빼 버리고 적은 물속에 수많은 물고기가 물을 먹기 위하여 아수라장이된 상황과 흡사하다. 그리고 이 경기침체를 또다시 돈을 찍어서 해결하려고 함으로서 세계경제의 모순은 더욱 심각하다고 할 것이다(한국경제, 2011, 8, 26). 이와 같이 또 양적완화정책 혹은 돈의 거품으로만 세계경제의 위기를 반복적으로 모면하면 세계경제의 인플레이션과 빈익빈 부익부의 모순이 극한으로 누적되어 결국 각 나라에서는 혁명이나 내란 전쟁에 휘말릴 가능성이 있다. 그리고 잘못하면 세계전체의 모순을 해결하기 위한 세계전쟁으로 이어질 수도 있다. 이것은 사회적 모순을 해결하고 정의로운 새 출발을 위한 정리가 될 수 있다.

그러나 지금은 세계금융재벌들의 세력이 너무나 강대하여 이들의 위상을 무너뜨리는 세계대전의 가능성은 희박하다 이들은 각 나라의 정부, 군대, 금융, 기업, 매스콤, 학계 등을 우호 지원세력으로 장악하고 있다. 그리고 이들 세력은 달러의 화폐발행권뿐만 아니라 유로화의 화폐발행권도 지배하고 있는 같은 세력이다. 지금 이들에게 우려되는 대항세력으로는 이슬람세력과 중국이라고 볼 수 있지만 이들은 아직도 수십년 이상은 도무지 이 초국적 국제금융재벌세력의 상대가 되지 않을 것으로 예상된다. 그러나 잠재되어 있는 글로벌 프롤레타리아 혁명은 언제 터질지 아무도 장담할 수가 없다. 세계의 질서는 자본(Capital)의 힘과 유대(Solidarity)의 힘 사이의 대결의 역사다. "월가시위"와 더불어 600개의 도시에서 동시 다발적인 시위대의 등장은 이런 가능성을 나타내는 시작의 단서라고도 볼 수 있다.

3. 부채의 급속한 증가

글로벌 금융위기가 반복되는 가장 직접적이고 근본적인 원인은 가계 및 정부, 공공기관 등의 부채가 급속도로 누적되기 때문이다. 즉, 각 나라의 정부뿐만 아니라 한 나라의 국민 혹은 세계인 전체가 점점 빈곤해 지기 때문이다. 그리고 대규모의 각종 채권이나 파생상품으로 정부, 금융기관, 기업 등이 상호 긴밀하게 얽혀져 디폴트의 도미노 현상의 우려된다. 그리고 빈익빈 부익부로 인한 많은 대중들의 빈곤은 결국 구매력의 저하로 이어지며 부동산의 가격하락, 수요격감, 경기침체 등의 결과를 낳게 마련인 것이다. 각 나라의 정부가 문제해결 및 경기부양을 위하여 돈을 찍어 막 퍼부어 보지만 궁극적으로 근본적인 해결은 결코 되지 않고 문제를 단지 뒤로 미룰 뿐이라는 것은 역사적으로 확실히 잘 드러나고 있다.

세계역사는 부익부, 빈익빈의 자본축적의 역사라고 할 수 있다. 즉, 세계총자본의 덩어리가 더 크게 재생산 되는 과정이다. 그러나 생존선 이하의 기층민이 양산되면 세계전체의 구매력이 떨어져 부자들의 재산도 결국 점차 붕괴의 운명을 겪지 않으면 안 될 것이다. 이는 마치 사자가 정글의 작은 짐승을 다 잡아먹었을 때 그 다음은 사자도 역시 더 이상 먹을 것이 없어 자신도 굶어 죽게 되는 논리와 같다. 전체경제가 내려앉으면서 심히 수직적 불평등구조와 방대한 기층민의 저항세력은 사회의 불온한 불안을 가져올 것이다. 한 때 1, 2차 세계대전 혹은 사회주의 체제의 혁명적 등장으로 이 불평등 구조의 문제에 대한 세계 역사의 일부분이 임시적으로 해결 및 조정되기는 하였지만 그러나 결국 그러한 대세를 거역하지 못하고 다시 본래의 심각한 불평등구조의 경향으로 회귀한 셈이다. 그리고 경제의 중심축이 실물경제에서 금융경제로 바뀌면서 그 빈익빈 부익부의 가속도가 더욱 붙게 되었다. 그리고 글로벌 금융위기는 그 유동성 거품으로 이 세계적 빈곤의 현상을 더욱 심화시킨 계기가 되었다.

가난과 이로 말미암은 부채의 증가는 새로 창출된 부가 이를 상쇄해 주지 않는 한 아무리 그 형태를 바꾸어도 그 근본적인 상황은 달라지지 않는 속성이 있다. 세계적인 가난은 전반적인 구매력의 저하를 가져오고 이는 기업들의 사업을 어렵게 만들어 대규모의 심각한 경기 침체를 불가피하게 만들었다. 이로서 기업의 신규투자가 줄고, 부동산, 상가의 가격이 급락하며 또한 해고로 말미암아 개인들의 소득이 더욱 줄게 되었다. 그리고 또한 가계의 빚을 갚지 못하는 개인 부도 혹은 파산이 급증하게 되었다. 이에 따라 당연히 기존의 채권의 값은 폭락하고 또한 신규 채권의 발행이 어려워져서 유동성의 위기가 심각하여 지는 것이다. 수많은 은행 및 투자회사들도 그들이 보유하고 있는 각종 유가증권 자산 가격의 폭락으로 부도의 위기에 몰리는 것이다. 그리고 거래가 쉽지 않은 장기보유자산이나 부실의 채권을 담보로 거래가 용이한 단기 증권화로 만드는 것이 새로운 금융기술에 의한 금융상품의 일반적인 경향이다. 즉, 부실자산의 증권화란 금융의 괴물이 나타난 것이다(조선일보, 2009, 9, 5). 더군다나 전 세계적으로 서로 긴밀하게 얽혀 있는 각종 채권 및 그 파생상품이 커버하는 원초자산의 총액이 약 600조 달러에나 달하고 매년 거래액이 약 30조 달러나 되기 때문에 이것이 언제 어디에서든지 갑자기 폭발하여 세계의 실물경제의 흐름을 크게 왜곡, 마비시키거나 외환위기를 초래할 가능성이 있다. 그리고 정부, 금융기관, 대기업들의 부채가 언제든지 화약고가 될 수 있다. 각 나라의 정부가 발행하는 화폐량이나 유동성의 방대한 공급은 정부의 부채를 증가시키는 결과를 초래하여 이는 결국 그 나라의 재정위기를 초래하고 국민들이 갚아야 할 채무의 부담을 크게 늘어나게 하였다. 이 정부 채무는 과세와 납세의 과정을 통하여 국민 반드시 갚아야 할 미래의 부담이 아닐 수 없다.

전체적으로 보면 개인들의 가난이 궁극적으로 정부의 지원 정책을 통하여 달라진 것이 결코 전혀 없다는 뜻이다. 미국의 경우 1945년 GDP대비 가계의 부채비율이 20%에 불과했으나 1980년부터 급격히 상승해 2001년에는 100%를 넘어선 상태이다. 그리고 정부의 개입으로 일시적으로 주요 금융기관이나 기업들이 파산을 막을 수는 있어도 결국 이것은 그 위기를 뒤로 미룬 것 밖에는 아무것도 아닐 수 있다. 오히려 이러한 과정에서 부의 배분의 왜곡을 초래한 모럴 해저드 현상만 조장시켰다. 세계적으로 수많은 국가들이 공조하여 글로벌 금융위기를 벗어난 것은 세계적인 경제 침체 및 파국의 고통을 세계적인 규모의 화폐 및 유동성 공급 증가로 단지 훗날로 미룬 것일 뿐이다. 그러나 계속 문제를 뒤로 미루다가 언제나 세계역사가 그 심화된 모순적 상황을 일시에 해결해 왔듯이 아마도 궁극적으로는 제3차 세계대전으로 그 부채의 교통정리 및 제로베이스 새 출발이 이루어지게 될 것이다. 그런데 이제 제2의 글로벌 금융위기의 파국의 징조들이 서서히 나타나고 있다. 미국의 신용등급 하락과 디폴트의 위기가 시작되었다. 또한 그리스, 이탈리아, 스페인 등 유럽 남부에서 부터 시작하는 국가 재정위기에 의한 제2의 글로벌 금융위기의 발생 가능성이 바로 그것이다.

그러면 지난번 제1의 글로벌 금융위기가 대공황으로 연결되는 것을 막기 위하여 전 세계가 펴 왔던 경기부양 정책을 언제쯤 거둬들여야 하는 것인가? 경기부양 정책을 지나치게 오래 유지한다면 국가부채가 무한정으로 증폭되어 이것이 국가부도사태를 불러올 수도 있기 때문이다. 지금 제2의 글로벌 금융위기는 이러한 갈등 상태에 놓여 있는 것이다. 그렇다고 이후에 돈을 찍어서 이러한 방대한 재정적자를 막을 경우 심각한 인플레이션을 초래할 수 있다. 반면에 인플레이를 피하기 위하여 화폐발행을 통한 화폐공급을 하지 않고 이러한 재정적자를 막기 위한 국가의 재정긴축은 곧 바로 불경기와 디플레이션을 악화시킬 수 있다.

오늘날 미국을 비롯해 영국, 스페인, 그리스, 포르투칼, 아일랜드, 아이슬랜드, 두바이, 호주 등은 만성적인 재정적자이다. 미국의 재정적자는 금년도에 1조 5천억 달러, 그리고 누적 부채는 약 14조 달러에 달하고 있다. 이들 과소비 국가들은 이제 민간소비와 공공지출의 규모를 줄여야 하며 외국으로부터 수입을 줄여 적자와 빚을 줄이는 긴축에 돌입해야 하는 형편이다. 이러한 긴축은 매우 고통스러운 과정이며 폭동, 내란을 각오해야 하는 문제이기도 하다. 그래서 문제의 원인과 해결책을 아시아로 돌리는 입장도 나타나고 있다. 즉, “최근 중국을 위시한 일본, 한국, 독일은 경상수지 흑자국들이 소비를 진작시키고 화폐가치를 절상하여 경상수지를 줄이는 노력을 하지 안 된다. 그리고 지급불능에 빠진 나라들의 채무를 경감조정해 주는 국제적 정책공조가 없으면 세계의 경제는 총수요의 부족과 심각한 디레버리징(deleveraging)과 금융시스템 위기, 고통스러운 더블 디플레이션으로 국가부도가 줄줄이 이어지는 사태가 올 수도 있다”고 뉴욕의 누리엘 루비니 교수가 진단하고 있다(2010, 6,19). 그러나 그는 미국의 달러 통화량 추가 공급을 주장하고 또한 기준금리를 낮추는 대신 경상수지 흑자국들은 화폐가치절상 및 흑자폭 감소를 위한 가이드라인 설정을 할 것을 지지하기 때문에 필자는 우리나라가 그를 순진하게 동조하기에는 매우 위험스러운 인물의 학자라고 평가하고 있다. 왜냐하면 그는 자의든 타의든 국제금융재벌세력의 강력한 대리인 혹은 대변인 역할을 하고 있기 때문이다. 그는 미국의 양적완화정책의 정당성을 부여하는 세계경제불안감 조성에 앞장서고 있으며 또한 환율전쟁에서 철저하게 아시아 국가들에게 화폐절상으로 미국이 야기한 세계 인플레이션에 대한 불리한 부담을 전가시키려고 적극적으로 주장하고 있다. 세계경제에 관하여 지엽적으로 표현하는 그의 글로벌 경제에 대한 부분적인 비관적, 비판적 주장에 현혹되어서는 아니 될 것이다. 즉, 달러화폐발행권을 이용한 대량통화량공급을 강력히 정당화하는 그의 주장의 참 정체를 잘 파악해야 할 것이다. 최근에는 유로화의 양적완화정책도 적극적으로 옹호하고 있다. 특히 앞으로 우리나라 매스컴들의 고차적인 통찰력과 현명한 보도 판단이 자못 요청된다고 할 것이다.

국채를 외국이나 외국인들이 보유하는 비율이 많을 경우에, 그리고 그 나라의 화폐가 기축통화가 아닐 경우에 외한문제까지 겹쳐 더욱 심각하다. 국가가 발행한 국채의 외국인 보유 비중이 포르투칼 75%, 그리스 67%, 스페인 60% 등으로 매우 높아 외국인이 일시에 빠져나갈 경우 금융시장에 상당한 충격을 주게 될 것이다. 국가부채 비율이 높은 일본이나 미국 등으로 재정위기가 파급될 가능성도 제기될 수 있다. 그러나 일본은 국가 부채 규모가 설사 GDP 대비 218%로 매우 높지만 경상수지 흑자가 지속되는 데다 국가 채무의 94%를 자국민이 보유하고 있어 대외채무의 불이행 가능성이 희박하다고 볼 수 있다. 국가가 발행한 채권을 외국인이 얼마나 보유하고 있느냐가 국가 부도와 중요한 관련이 있다. 일본은 국가의 채무 부분을 국가가 중앙은행에 국채를 추가 발행하여 교환하는 조건이 아닌 방식으로 엔화를 추가 발행하며 기존의 채권을 상환하면 될 터인데 이를 못하는 것을 보면 지금 일본의 중앙은행인 일본은행의 화폐발행권이 외국의 초국적 세계금융세력의 손으로 넘어가고 지배당하여 경제주권을 사실상 상당히 상실한 상태가 아닌 가 의문이 가기도 한다. 일본은 중국과는 달리 미국과 무제한 달러 공급의 통화스왑을 체결했는가 하면 미국의 달러 양적완화에 대하여 아무런 반발을 하지 않는 점들도 이를 방증한다. 미국도 국가 부채가 계속 늘어나 14조 4000달러나 누적되어 있고 GDP 대비 약 100%에 육박하고 있지만 미국은 달러화가 기축통화이며 미국의회의 통과만 있으면 국채를 추가 발행하여 FRB로부터 무한히 달러를 빌려 쓸 수 있어 유동성 문제를 언제든지 해결할 수 있으며 더군다나 미국의 국채가 국제 안전자산의 역할을 하고 있으므로 외국 투자자들이 일시에 빠져나갈 가능성이 매우 낮은 특수한 나라이다.

한 국가가 외국 및 외국인에 대하여 채무 상환 능력은 있으나 일시적인 유동성 위기에 빠진 상황이라면 흔히 IMF 등에 구제금융을 신청하여 채무를 상환할 수 있을 것이다. 이 경우에 그 국가의 재정 및 통화정책 등 핵심 경제정책은 돈을 빌려 준 IMF의 감독을 받게 된다. 이는 채권자가 그 채권을 확실히 확보하기 위한 방안이라고 볼 수 있다. 우리나라도 이런 경험이 있었다. 지난 1997년 외환위기 당시에 IMF에서 구제금융을 받아 부도위기를 모면할 때, 긴축 및 구조조정, 개방화, 투명경영, BIS 기준 준수, 경제제도 등 혹독한 요구와 함께

IMF는 우리나라 전반적인 경제정책에 관여 하였다. 지금 그리스나 이탈리아의 재정위기에 유로존에서 구제금융을 지원하는 조건으로 반드시 긴축 및 구조조정의 경제개혁법안의 통과를 확인한 후에 자금을 지원하는 것도 마찬가지 논리이다. 그런데 만약 어느 국가가 구제금융으로도 부채를 갚을 수 없다면 부채상환을 유예하는 모라토리움(moratorium) 상황에 직면하게 된다. 실제로 1980년대에는 브라질, 멕시코 등 남미 국가들이, 그리고 1998년에는 러시아가 모라토리움을 선언한 적이 있다. 국가가 모라토리움을 선언하게 되면 부도기업의 법정관리와 같이 채무조정에 들어가게 된다. 즉 채권국들과 채무삭감, 이자감면, 상환기간 유예 등을 협상하게 된다. 이렇게 되면 그 국가의 신뢰성은 크게 떨어지고, 그로 인해 자본 유치 등이 더욱 어려워져 경제 전체가 상당기간 침체에 빠지게 된다. 때때로 모라토리움은 아니더라도 구제금융과 채무조정이 동시에 이루어져 제공되는 경우도 있다. 그리스 재정위기의 경우는 총리가 물러나며 경제개혁법안이 통과되어 구제금융이 지원될 때 이미 채무를 50% 손실상각하기로 합의하였다. 남유럽의 재정위기의 여파가 세계경제에 글로벌 금융위기에서 막 벗어나 각 나라들이 출구전략을 실시하려전 차에 세계경제에 찬물을 끼얹을 태세가 되고 있다(조선일보, 2010, 6, 18).

우리나라의 국가부채는 2009년 말 기준으로 GDP 대비 33.8%이다. 여기에는 공단이나 공기업의 부채를 포함시키지 않았으며 포함시키면 약 70% 정도로 추정된다. 그러나 향후 고령화 사회 진입과 또한 여론 인기에 영합한 포퓰리즘 사회복지비용 증가로 재정지출이 갈수록 가파르게 늘어날 것으로 예상된다. 정부가 당대의 집권 동안 무책임하게 재정을 낭비하고 부채를 누적시켜 후대로 미루는 상황을 국민들이 올바르게 감시하고 심판하는 능력이 없다면 나중에 국가 부도에 따른 고통을 국민들이 모두 공동으로 짊어지더라도 누구를 탓할 자격이 없을 것이다. 우리나라 화폐는 기축통화가 아닐 뿐더러 자본개방화가 지나치게 많이 되어 있으며 자본시장의 규모가 작고 또한 국채의 상당한 부분이 외국인들이 소유하고 있는 상황에서 재정위기가 언제든지 쉽게 발생할 가능성이 있다. 따라서 언제든지 재정 건전성을 위하여 정부와 국민 모두가 함께 노력을 기울여야 할 것이다.

4. 부채 불변의 법칙

지출이 소득보다도 많은 어느 가계의 경우에는 그 지출수준을 소득수준에 맞추기 위하여 온 가족이 극도의 근검, 절약해야 하는 고통을 겪는 수가 있다. 그러나 도저히 이것이 불가능한 경우에 가장이 마침내 밖에서 돈을 많이 빌려와서 풀었다. 그리고 이로서 일시적으로 경제적인 고통에서 해방되었다. 그리하여 차, 세탁기, 텔레비전 등도 새로 바꾸고 외식도 하고 집도 새롭게 집 단장 및 인테리어를 새로 하고 고급식당에서 가족들과 함께 여유 있는 외식도 했다. 친지들이나 친구들 하고 만날 때도 후하게 인심도 썼다. 그러나 이러한 생활수준의 변화는 근본적인 소득의 증대에 의한 것이 아니라 오직 빚에 의존한 것이기 때문에 가계부채의 문제는 곧 원리금 상환 기일의 도래의 부담으로 다가와 종전 보다 더 큰 생활의 고통이 기다릴 수 있다. 그러나 가장은 이 고통을 피하기 위하여 다른 곳에서 더 큰 돈을 빌려와서 이 부족분을 메웠다고 하자.

이 경우에 이 집의 부채는 자꾸 눈덩이처럼 커지게 되며 경제적 불행을 단지 미래로 미루고 있을 뿐이다. 부채의 형태를 어떻게 바꾸든 근본적인 부담은 불변이다. 이 집이 할 수 있는 일은 새로운 부를 창출할 원천을 발견하든지 아니면 더욱 근면 절약하여 그 원리금을 갚아야 할 것이다. 그러나 이자 부분이 너무 커서 소득 부분을 능가하면 이 집의 고통은 매우 크거나 희망이 사라지고 돈의 노예상태로 전락할 것이다. 그리고 이 경우 가계는 높은 이자를 주고서라도 돈을 빌려 급한 빚부터 갚으려 하겠지만 언젠가는 신용의 한계로 돈을 새로이 더 빌릴 수 있는 곳을 찾지 못하여 이 집은 파산하고 말 것이다. 이때부터 집안의 안과 밖에서 마치 전쟁과 같은 불행의 상황에 직면할 것이다.

국가의 부채의 경우도 마찬가지다. 한 국가의 수입보다 지출이 더 많다면 그 차액은 국채를 발행하여 이를 국내외 투자자들에게 팔아 메워야 할 것이다. 경기침체의 경우에도 가난한 대중이 양산되어 구매력이 떨어지고, 부동산 및 채권의 값이 떨어지고, 금융기관들이 위기에 빠지고 기업들의 도산 및 경기가 침체에 빠졌다고 정부가 국채를 발행하고 이를 중앙은행의 화폐와 교환하여 과감하게 이를 시장에 풀면 일시적으로 경제가 살아나고 풍요로운 물질생활을 국민들이 누릴 수 있을 것이다. 그러나 이것으로 국가의 경제의 문제가 해결되었다고 생각되면 더 큰 오산이다. 국가부채도 가계부채처럼 문제를 오직 미래로 미루었을 뿐이다. 국채발행이 많아지고 국가부채가 점점 누적되면 투자자들은 국채의 원리금 회수에 의구심을 가지게 될 것이다. 국가의 부채상환능력에 의심이 점점 커지고 결국 투자자들이 손실을 최소화하기 위하여 보유한 국채를 일시에 시장에 내 놓으면서 시장 금리가 오르고 그 나라의 신용등급 하락 때문에 통화가치가 폭락하는 등 금융시장이 큰 혼란에 빠지게 된다. 그러면 그 국가에 대한 신뢰도가 더욱 떨어져 투자자들이 한꺼번에 자금회수에 나서면서 결국 그 국가는 파산 상태에 들어가게 된다. 최근 유럽의 재정위기의 본질이 이와 같다. 가계의 부채와 마찬가지로 국가의 과도한 채무구조를 해결하는 메카니즘도 충분히 이해할 필요가 있다.

우선 화폐를 추가 발행하여 정부의 부채를 줄이는 방법이 있다. 정부가 국채를 발행하여 주는 대가로 중앙은행이 화폐 발행하여 정부에 제공했을 경우에는 정부가 중앙은행에게 그 만큼 빚을 지게 된다. 만약에 중앙은행의 화폐발행권이 그 나라에 전적으로 속해 있는 경제독립국일 경우에는 국민이나 국회의 동의하에서 화폐를 추가 발행하여 현재 중앙은행이 보유하고 있는 국채에 대한 과거의 채무를 무효화하거나 탕감하든지 하면 될 것이다. 그리고 그 국채가 이미 다른 곳으로 유출되거니 거래된 경우는 중앙은행이 새로운 화폐를 발행하여 국가가 채무를 진 그 국가 발행 채권을 회수하여 소각해 버리는 방법이 있다. 물론 추가 화폐발행으로 말미암은 인플레이션에 의한 피해는 국민들이 짊어지겠지만 어쨌든 정부가 과중한 부채로부터 벗어나 국가부도를 막을 수 있는 길은 있다. 그러나 이때는 화폐발행권을 그 국가의 국민이나 정부가 전적으로 장악하고 있는 경우에만 가능한 방법이라고 할 것이다.

그러나 미국의 연방준비은행이나 영국의 영란은행처럼 그 나라의 국민이나 정부의 영향력으로부터 벗어나서 독자적 배

타적으로 민간 중앙은행이 화폐발행권을 갖고 있는 나라에서는 이러한 방법으로 국가채무를 해결하는 것은 전혀 불가능한 일이다. 그리고 이 때 화폐발행권을 갖고 있는 중앙은행이 초국적 국제금융재벌세력에게 지배를 당하는 경우이다. 따라서 어느 국가가 독립적으로 화폐발행권을 보유하는 여하는 마치 하늘과 땅만큼의 큰 차이이며 이는 그 국가가 경제독립국인가 경제식민지인가를 구분한 문제이기도 하다.

만약에 국가가 감당할 수 없는 부채를 갖고 있는 경우에는 나중에는 늘 조세저항, 식민지상태, 혁명, 전쟁, 독재체제 등으로 그 결말을 보아왔다. 더 심하게 말하면 오늘의 국민들의 비극과 죽음을 미래의 총칼 앞으로 그 해결 방법을 미루어 남겨두었던 것이다. 과거의 중국은 공산혁명으로 화폐발행권을 국가가 되찾고 국가부채 및 사회불평등 구조를 일시에 해결한 바가 있다. 따라서 이는 케인즈가 돈을 막 풀어서 경제문제를 해결했다는 환상에서도 벗어나야 한다는 말과도 같은 뜻이다. 사실상 케인즈야 말로 지금까지 초국적 국제금융재벌세력들의 이익을 위한 대변인 역할을 한 셈이며 새로운 현대 경제학은 근본적으로 그의 이론을 다시 검토되어야 할 것이다.

부채는 그것이 다른 형태로 변화되고 혹은 다른 곳으로 이전 되더라도 그 존재는 변함없다. 즉 부채불변의 법칙이 적용되는 것이다. 이 '부채 불변의 법칙'이라는 용어는 필자가 만들어 본 것이다. 물리학의 '질량 불변의 법칙'에서 힌트를 얻은 표현이다. 그러나 공교롭게도 다른 사람도 이러한 표현을 만들어 쓰고 있음을 발견했다(매일경제, 2010, 8, 12). 아무리 돈거품을 만들어 부채의 문제를 커버. 은폐 하더라도 새로운 수입원이 없는 한 그 부채는 결코 어디로 사라지지 않는다는 것이다. 이는 개인이든, 기업이든 국가이든, 전 세계이든지 마찬가지이다.

지금 전 세계는 대규모의 제2의 글로벌 금융위기를 막거나 혹은 금융질서의 대파국을 막기 위하여 거시적이든 미시적이든 돌려막기를 계속하고 있는 셈이다. 한 쪽에서 터지지 직전의 문제를 다른 곳에서 돈을 끌여 들어 임시적으로 계속 돌려막기를 하는 것일 뿐이다. 다행히 이 돌려막기를 하는 과정에서 어떤 행운의 새로운 수입원이나 가치창출이 있으면 문제가 해결되겠지만 반대로 추가손실이나 가치폭락의 불상사가 있으면 대규모의 붕괴의 파국이 되는 경기침체로 이어지는 국면으로 치닫을 수 있다. 빌린 돈으로 경제가 일시 인플레이션의 과열상태가 될 수는 있지만 빈익빈 부익부 현상으로 대중들의 구매력이 상실되는 스태그플레이션 때문에 그 돈 거품이 빠지는 것이다. 필자는 이 모순의 궁극적 그 마지막 해결방식은 불행하게도 불가피한 전쟁이라고 본다. 다만 그 전쟁이 언제 어디서 어떤 모습으로 터지느냐의 문제일 뿐이다. 그 중 가장 가능성 있는 전쟁 형태는 옛날 마르크스와 레닌이 주도했던 것과 유사한 세계 프롤레타리아 혁명일 것이다. 벌써 그런 조짐이 보인다. 사회의 불평등 구조의 심화가 노동착취에 의한 것이 아니라 금융 모순에 의한 것이라는 차이가 있을 뿐이다.

5. 미국 경제 메카니즘의 모순

케인즈가 유효수요이론에 의하여 경기를 부양시키고 경제를 발전시켰다는 이론이 얼마나 허구적인가를 제대로 깨달을 필요가 있다. 지금까지 그의 이론은 결국은 경제적으로 화폐발행권자들의 이권을 위하여 봉사하거나 그 앞잡이 노릇을 수행했음을 간파하여야 한다. 지금까지 미국의 거의 모든 경제정책은 1930년 대공황이후 케인즈 이론의 유효수요이론 중심의 거시경제이론에 그 바탕을 두었다. 수요창출이 생산 활동을 유발하여야 한다는 주장이 그의 이론의 요체이다. 수요창출을 위한 경제 정책이 시행될 때 마다 화폐발행권자들이 큰 치부를 하게 되었고 이로서 지금의 초국가적인 국제금융재벌 세력들이 형성되었다고 볼 수 있다. 달러 화폐의 추가발행의 필요성을 적극적으로 창출하기 위하여 언제나 세계유동성 위기 상황을 조작하였다. 대규모 공공사업, 군수산업 발달, 세계 냉전 체제, 베트남전쟁, 이란이라크전쟁, 걸프전, 아프카니스탄전쟁, 해외무기수출 등으로 계속된 수요촉발 사건들은 미국의 경제를 지탱해 온 근간이 되었다.

의도적인지 필연적인지는 모르겠으나 어쨌든 미국 경제의 성장은 수요촉발의 경제정책의 기조에 두어 왔다. 그러나 미국의 지나친 과소비는 대외 수지 적자를 누적시켰으며 산업 경쟁력의 약화를 초래하였다. 그러나 미국은 달러를 세계의 기축통화로 유지함으로서 언제든지 달러를 필요에 따라 추가로 찍어내어 사용함으로서 자신의 경제적 취약점과 적자를 메꿀 수 있었다. 그리고 이 경우 달러 화폐발행의 이익은 고스란히 미국의 달러발행권을 장악한 초국적 국제금융재벌세력에게로 돌아가게 된다.

이번 미국경제의 디폴트 위기도 신용평가사들과 국제금유재벌세력 그리고 케인즈 이론의 주장자들이 결합한 작품일 가능성을 의심해 볼 수도 있다. 그러나 사실상 이러한 달러

화폐발행 및 세계 인플레이 초래에 의한 가치물의 획득은 기축통화제도의 모순에 의한 세계적 부의 강탈행위가 아닐 수 없다. 그리고 미국의 이러한 양적완화정책은 수많은 나라들의 분노를 쌓게 하였고 러시아의 푸틴 총리는 "미국경제는 세계경제의 기생충"이라고 까지 혹평하였다. 달러 화폐를 발행하여 세계의 인플레이션을 조장한 대가로 이익을 취하는 것은 마치 세계인들의 피를 빨아먹는 것과 같다는 의미일 것이다. 그리고 부당한 빈익빈 부익부의 부(富)의 이동일 것이다.

그러나 이를 더 엄밀히 말하자면 미국이나 미국 국민이 아니라 그 뒤에 가려져 초국적인 지배적 위치에 있으면서 FRB의 화폐발행권을 장악하고 있는 국제금융재벌세력이 바로 진짜의 그 수혜자라고 할 것이다. 더군다나 2008년 글로벌 금융위기를 수습하기 위한 1차 양적완화 정책으로서 미국 정부는 국채를 발행하여 국가 채무로서 1조 7000억 달러를 조달한 후 초국적 국제금융재벌세력의 지배하에 있는 시티은행, JP모건스, 체이스은행 골드만삭스, AIG 등에 쓰레기 같은 부실채권이나 파생상품을 매입해 주는데 사용하였다. 초국적 국제금융재벌세력들은 꿩 먹고 알 먹는 격이다. 화폐발행으로 큰 이익을 취함은 물론 또한 자기들의 지배하에 있는 금융기관의 쓰레기 채권을 몽땅 처분한 쾌거를 이룬 것이다. 발행한 달러는 일반 미국 국민들의 구매력 향상에는 별 도움이 되지 못하고 중앙은행, 정부, 금융기관 사이에서만 순환되었다. 미국과 미국 국민은 채권을 발행하여 발행된 달러화폐를 사용했기 때문에 오히려 언젠가 미래에 이 원리금을 갚아야 할 채무자로 전락한 것이다. 그러나 달러 화폐 발행에 따른 그 채무와 원리금과 이자가 너무나 방대하기 때문에 이 채무는 영원히 갚지 못할 것이고 달러가 세계의 기축통화로 남아 있는 한 계속이 부채상태로 영구적으로 진행될 것이다. 즉 미국 경제는 기축통화와 같은 사기성이 있는 세계경제시스템의 모순에 의하여 계속 유지되는 양상을 띠는 것이다. 미국의 경상 무역수지가 아무리 적자가 나더라도 FRB가 달러를 계속 찍어서 미국정부에 빌려주고 이 달러를 미국 국민들에게 풀어서 먹고 살게 하면 되는 것이다.

이러한 상황은 FRB를 통하여 달러의 화폐발행권을 지배하는 초국적 세계총자본세력과 필요에 따라 영구히 갚지 않아도 되는 채무의 형식으로 달러를 찍고 세계인플레이를 조장하여 세계의 부를 강탈해서 쓰는 미국 정부 사이의 윈.윈 타협의 음모가 아닐 수 없다. 이러한 책략은 달러가 기축통화의 위상이 무너질 때 까지 계속될 것이다. 그리고 달러화의 기축통화 위상을 무너뜨리려는 세력은 언젠가 달러의 이를 계속 지키려는 세력으로부터 군사적 물리적 보복을 반드시 당할 것으로 예상 된다.

미국이 달러를 계속 풀어서 거품으로 경기를 부양시키는 방법에 대한 후유증도 점점 나타나고 있다. 리먼브러더스가 파산한 2008년부터 2009년 3분기까지 마이너스 성장을 기록하던 미국은 정부의 경기부양으로 2009년 4분기부터 3~4%대로 성장률을 반짝 끌어올렸다. 하지만 2011년부터 성장률은 다시 곤두박질 쳤다. 그동안 인플레이션에 의한 빈익빈 부익부로 인한 빈부격차가 기품을 걷히자 일반대중들의 가난과 구매력의 감소로 나타나기 때문이다. 미국의 경제 현실을 이해하기 위하여 우선 경제지표 중 가장 중요한 고용상황을 보면 2007년 4.6%였던 미국의 실업율은 2010년 8월 U-3 실업율이 9.1%

로 높아졌다. 그리고 전체 고용율 역시 제1 글로벌 금융위기 이전과 비교해 5% 가량 낮아졌다(한국경제, 2011, 10, 11). 그러나 구직을 단념한 사람까지 포함한 U-6 실업율은 16.5%를 기록하고 있다.

2008년 글로벌 금융위기를 초래한 주범인 미국의 주택 가격을 미국의 주택 가격을 나타내는 대표적인 지수인 케이스 쉴러 지수로 살펴보면, 주택 가격이 최고조로 달했던 2006년 7월 지수가 206.52를 기록한 이후 지속적으로 하락하여 2011년 3월 137.63으로 최저점을 친 후 7월에는 142.77을 기록하고 있다. 이는 역사적 고점 대비 미국 20대 도시 평균 주택 가격이 33.3% 하락했다는 의미이다. 그리고 미국 정부의 GDP 대비 정부 부채비율을 살펴보면 1995년부터 2008년 3분기까지 줄곧 55%~70%대 사이에 머물렀으나, 2008년 글로벌 금융위기가 본격적으로 시작되면서 지속적으로 상승하여 2010년 3분기 때에는 92%대 까지 상승했다. 또 2010년에는 4709억 달러의 경상수지 적자와 1조 2751억 달러 의 재정수지 적자를 보고 있으며 2011년에 들어와서도 그 적자폭이 줄어들 기미를 보이지 않고 있다(경상일보, 2011, 10, 25, 김재철). 미국 국가 채무는 현재 약 14조 달러에 달하며 매년 약 1조 달러씩 그 규모가 늘어나고 있다. 특히 국채 발행에 따른 이자 비용만도 올해 약 4000억 달러에 이른다. 더 심각한 것은 각종 사회보장제도로부터 발생할 아직 계산되지 않은 부채가 45조~50조에 달한다(한국경제, 2010, 10, 22). 그러나 필요하다면 미연방준비은행(FRB)이 단순히 돈을 찍어서 미국 국채를 매입하고 미국 정부는 국채를 신규 발행한 돈으로 재정적자를 메꿀 수 있고 또한 상환능력을 유지할 수 있는 것이다.

6. 글로벌 출구전략의 대혼란

전 세계의 출구전략이 대 혼란에 빠졌다. 출구전략은 2008~2009년 제1의 글로벌 금융위기 극복을 위해 각국이 취했던 재정확대, 초저금리 등 비상조치를 원래의 정상으로 되돌리는 것을 말하는데, 세계경제가 나라마다 이미 엄청난 돈을 마구 풀어서 금융유동성 위기를 극복하려고 했다. 그리고 미국의 1차 2차 양적완화정책에 의한 대규모 달러의 발행은 전 세계에 달러의 공급과 인플레이션이 마치 쓰나미가 몰려오듯이 갑작스럽게 각 나라를 덮치게 되었다. 각 나라로 유입되는 방대한 저금리의 달러화의 공급은 그 나라의 심각한 환율의 하락, 즉 그 나라의 통화가치 상승을 초래하여 수출에 비상이 걸리게 하였다. 수출이 줄어 국내의 산업이 침체됨에도 불구하고 달러가 대규모 유입됨과 동시에 그 나라의 화폐를 엄청나게 시장에 방출하게 하여 또한 급속한 인플레이션을 조장한 결과가 되었다. 즉 미국은 달러의 추가발행의 이익은 그들이 고스란히 취한 반면에 그대신 각 나라에 인플레이션과 수출력 약화 및 경기침체의 문제를 전가시키고 희생시킨 셈이다. 따라서 각 나라는 이에 대항하여 수출력의 회복을 위하여 자국의 화폐의 추가 발행 및 공급을 통하여 달러의 과다 공급에 대한 상쇄적인 물타기를 하여서 높은 환율 수준을 유지해야 했으며 또한 수출력 저하에 대비한 확대재정금융정책의 경기부양책을 함께 시행함으로서 대체로 거의 모든 나라는 심각한 정부의 재정위기와 고도의 인플레이션의 상황으로 빠져들게 된 것이다.

한 때 빠른 속도로 회복조짐을 보이는가 싶었던 세계의 경제는 오히려 새롭게 나타나는 다른 문제로 그 방향을 잃고 있다. 지금 대체로 중국은 인플레, 유럽은 침체, 일본은 디플레이션을 경험하고 있다. 그리고 많은 나라들은 글로벌 금융위기를 극복하고 경기를 부양하기 위하여 과도한 확대재정금융정책 및 복지정책으로 국가들이 빚더미에 앉게 되었다. 글로벌 금융위기 당시 G20을 중심으로 국제공조를 통해 유동성 위기를 극복하기 위하여 재정을 풀고 금리를 낮추는데 일치된 행동을 보였다. 하지만 최근 캐나다, 호주, 인도 중국은 정책금리를 인상하고 있다. 그리고 독일, 영국, 프랑스 등이 긴축재정을 통한 출구전략을 앞서서 추진하고 있다. 2010년도 재정적자가 프랑스는 GDP 대비 8%, 독일은 5% 수준이다. 그리고 그리스, 스페인 등 국가부채가 심각한 나라들은 재정 감축과 내수 부양이라는 모순되는 두 마리 토끼를 잡아야 하는 어려운 상황에 놓여 있다. 인플레이션을 잡기 위한 출구전략은 이와 같이 주로 긴축재정과 금리인상으로 요약된다.

출구전략의 무게가 글로벌 살 어름 판의 위기를 초래하고 있다. 반면에 현재 과잉유동성에 의한 인플레이션의 속도가 시장메카니즘을 마비시키고 있다. 버냉키 미국 FRB의장은 2010년 2월 10일 하원 금융서비스위원회 청문회에서 0.5% 재활인율 곧 인상, 은행에 환매조건부채권(RP) 및 기간물예금 매각, 초과지급준비금이자율 인상의 '3단계 출구전략'을 제시하였다. 그리고 외국계 은행들은 한국은행이 기준금리 인상 시기를 앞당겨야 한다는 의견을 피력했다. 인플레이션의 압력, 자산 가격 버블 우려 등이 있고 경제회복 속도가 빠르기 때문이라는 이유이다(한국경제, 2010,2,12). 아직 우리나라의 고용지

수가 악화되고 있음에도 불구하고 이러한 출구전략의 주장을 펴는 것은 세계총금융자본이 외국은행집단을 통한 '과잉유동성공급 및 긴급회수전략'의 효과적인 환경 조성을 위한 작전으로 풀이 된다. 외국의 유명한 기관이나 인물들의 주장은 대부분 국재금융재벌 세력의 영향력 있는 앞잡이 들일 가능성이 많음으로 늘 조심해서 들어야 함은 필자의 '글로벌 금융위기'라는 저서에서 누누이 강조한 바가 있다.

그러나 2010년 2월 11일 우리나라 금융통화위원회에서는 지금 글로벌 불확실성이 워낙 크기 때문에 올 상반기준 기준금리 인상은 어렵다는 시기상조의 전망을 내놓고 있다. 한국은행 이 총재는 '일부 유럽 국가들의 국가채무 문제로 국제금융시장에 불안한 구석이 남아있고 이 문제가 앞으로 실물경제에 어떤 영향을 줄 지를 좀 봐야 되겠다'고 말했다. 더군다나 금년 1월 무역 수지가 4억 4000만 달러 적자로 돌아섰으며 실업자 수는 121만 6000명으로 10년만에 최대폭을 기록했으며 실업율도 5.0%에 달했다(한국경제, 2010, 2, 12).

재정긴축을 하는 국가들은 수요 감소로 이어져 물가하락을 경험하고 있는 일본식 디플레이션을 불러올 수 있다는 우려도 나온다. 일본은 2009년 11월 디플레이션을 공식 선언했고 2010년 4월에는 소비자 물가 상승률이 마이너스 1.2%를 기록하는 등 디플레이션 상태이다. 일본은 엔고현상도 그렇거니와 이 디플레이션을 감안할 때 재정긴축이 아니라 계속 엔화발행 및 공급을 통한 재정확대정책을 취해야 할 것이다. 일본은 이미 GDP대비 약 200%에 이르는 누적된 국가부채 때문에 이를 시행하지 못하지만 비상입법조치를 통하여 국가의 직접 엔화 발행 공급을 통하여 국가부채를 상쇄시키는 것이 필요할 것이다. 일본의 디플레이션, 엔고현상, 방대한 대내외자산으로 충분히 이러한 비상입법 조치를 감내할 수 있는 능력이 있기 때문이다. 약 5조 엔을 발행하는 조치도 있었지만 이는 너무 소극적이고 미미한 수준이므로 주목할 대목이 못된다.

세계경제는 출구 전략 시에 일본식 디플레이션 위험뿐만 아니라 그리스식 재정부도의 위기를 동시에 직면하고 있다. 출국전략으로서 수요를 줄여버리면 세계경제가 글로벌 금융위기 때처럼 다시 침체할 위험이 있다. 반면에 수요의 위축을 막기 위하여 전 세계적으로 통화정책의 출구전략을 늦추면 중국, 캐나다, 한국 등의 국가처럼 회복세가 빠른 국가들에서는 심각한 인플레이션이 나타날 조짐이 보인다(조선일보, 2010, 6, 14). 세계경제에는 어떤 정책이든지 정답이 없다. 다만 당장의 문제를 요리조리 피하면서 뒤로 미루거나 다른 곳으로 그 위험을 전가시키는 것일 뿐이다. 부채로 말미암은 문제는 결코 사라지지 않는다. 이것은 부채 불변의 법칙 때문이다. 즉, 전 세계는 언젠가는 크게 터질 글로벌 돌려막기를 지금 하고 있을 뿐이다.

3장 화폐발행권 확보

1. 화폐발행권 소유 여하의 차이

이는 하늘과 땅 차이의 문제이다. 그리고 이는 경제독립국인가 경제 식민지인가의 문제를 판단하는 가장 주요한 기준이기도 하다. 화폐발행권을 갖고 있는 국가는 국가가 필요한 화폐를 그냥 발행하여 사용하면 된다. 설사 국가가 채권을 많이 발행하여 채무가 과중하다고 해도 발행화폐로서 이 채권을 소각하여 만약 국민들이 이로 말미암은 인플레이션만 감내한다면 언제든지 그 국가 부도의 위기에서 벗어날 수 있다. 그러나 화폐발행권이 없는 국가는 채권을 발행하여 교환함으로서 대신 그 발행화폐를 빌려 쓰는 형태를 취하게 되기 때문에 이 때 발행화폐로 국가 채무를 줄일 수 없다. 국가가 화폐발행권을 갖고 있는 경우와 빼앗긴 경우의 차이를 가상적인 사례로서 비교하여 보자.

첫째, 어느 국가의 정부가 화폐발행권을 갖고 있다고 하자. 비록 국가가 채권을 발행하여 중앙은행에서 화폐와 교환하여 신규 화폐를 사용한다고 하자. 발행한 화폐는 인플레이션을 초래할 것이다. 이해를 돕기 위하여 기존에 시중에 1000조원의 유통통화가 존재하고 있는데 이 금액은 이 국가의 사회에서 거래의 대상이 되는 실물가격에 해당되는 금액이라고 가정해 보자. 만약에 1000조원을 추가로 화폐를 발행하여 정부가 쓰면 실물의 가치를 평가하는 총화폐의 량이 2배가 됨으로서 실물 대비 기존의 돈 가치가 반으로 줄어들게 된다. 즉 기존에 화폐를 소유하고 있는 사람들의 구매력이 반으로 줄어들어 화폐 보유자의 재산의 반이 정부에게 강탈 당한 셈이 된다. 그러나 이 정부가 신규 발행한 화폐를 잘 사용하여 국민들에게 혜택이 가도록 전부를 각종 시책을 통하여 되돌려 주면 인플레이선에 의하여 정부가 강제로 획득한 가치를 국민들에게 반환한 셈이 된다. 이때 화폐발행은 간접세와 같은 성격으로 국가가 추가적으로 세금을 거두어 쓴 것과 같은 과정이 된다. 그리고 국가가 화폐발행권을 전적으로 보유하고 있는 경우의 국가 채무는 때때로 비록 국가가 중앙은행에 빚진 형태이지만 이는 형식적 회계 장부상의 문제이며 국민의 합의 혹은 국회의 동의에 의하여 정부와 중앙은행 사이의 채권 채무관계는 언제든지 소멸시킬 수 있다. 즉 국가부도에서 벗어날 수 있는 길이 있다. 실제로는 중앙은행에 넘겨준 국채가 중앙은행 금고에 있는 것이 아니라 거의 대부분 국채가 국내 시중이나 해외에 유통 중에 있으므로 추가 국가채권 발행 및 교환이 필요 없는 정부자체의 추가화폐발행으로 정부가 기존 국채를 회수하는 것이 현실적이다.

둘째, 화폐발행권을 외세에 빼기거나 잃어버린 경우이다. 정부가 발행한 국가채무는 국민들에게 세금을 거두어서 중앙은행에 갚아주는 방법으로서만 청산할 수 있다. 이것은 그 나라가 혁명이나 전쟁으로 붕괴되지 않는 한 국가 채무는 미래의 세금으로 갚아야 할 그 국가 및 국민의 영구적인 채무가 된다. 신규 화폐발행으로 말미암은 유동성 추가 공급은 인플레이션 발생과 이를 통한 부의 강탈뿐만 아니라 세금으로서 정부가 중앙은행에 진 빚을 갚아주어야 하는 2중의 부담을 국민들이 지게 된다. 정부가 추가 발행한 화폐를 국민들을 위하여 각종 행정 및 복지정책의 실시로 인플레이션에 의한 부의 강탈 부분을 국민들에게 거의 되돌려 주었다고 하더라도 중앙은행에 채권을 발행하여 교환했기 때문에 남아 있는 국가채무를 국민들이 세금으로서 다시 갚아야 하는 것이다. 위의 예로서 다시 설명하면 1000조원의 추가 화폐발행으로 인플레이션이 2배로 발생하여 실물 총가치의 반의 재산을 정부가 갖고 간 셈이지만 이는 국민들에게 각종 혜택으로서 이를 되돌려 주었다. 그러나 국가가 중앙은행에 빚진 1000조원은 실물 총가치의 약 반(半)에 해당되는 재산으로서 세금으로서 미래에 국민들이 갚아야 하는 부담을 여전히 안게 된다. 이 부담이 커지면 국가가 부도의 위험에 놓여도 국민들로부터 세금을 거두는 것이 불능할 때 이를 해결할 방법이 없게 된다.

2. 기축통화의 횡포와 세계경제의 기생충

국제적으로 통용되는 기축통화는 세계초강대국의 역사와 함께 했다. 강대국들의 경제적 부흥에 따라 기축통화는 등장과 퇴장을 반복했다. 그리고 동시에 글로벌(globalization) 현상도 세계의 권력이 민족주의 및 지역주의를 극복하면서 나타나는 이러한 세계초강대국으로 통일 수준에 비례한다고 볼 수 있다. 최초의 국제통화는 기원전 5세기에 주조된 그리스의 은화인 '그라크마(Drachma)'로 추정된다. 그리고 로마제국은 금화인 '아우레우스(Aureus)', 은화인 '데나리우스(Denarius)'을 만들어 아시아 지역까지 사용했다. AD 4세기부터는 비잔틴제국의 '솔리디스(Solidus)', 가 10세기까지 광범위하게 쓰였다. 그리고 17세기에 네델란드가 무역의 중심국으로 부상하면서 '길드(Guild)'가 널리 활용됐다. 18세기부터는 영국이 국제무역과 금융의 중심지로 자리 잡으면서 파운드화가 국제통화로 활용됐다. 특히 1816년 금본위제도를 채택한 후 파운드는 유일한 국제통화로서 국제무역의 결제수단으로 활용되었다. 그러나 1900년대 1차 세계대전 이후 영국은 대규모 재정적자에 시달리면서 화폐신뢰도마저 추락했다. 특히 2차 세계대전 후에는 파운드 가치가 급격히 떨어졌으며 1944년 달러를 기준으로 세계 각국 통화 환율을 정하도록 한 브레튼우즈체제(Bretton Woods System)가 출범한 이후 미 달러화는 기축통화의 지위를 확보하게 됐다. 그리고 이후 60년 넘게 전 세계에서 유일한 기축통화의 지위를 누려왔다. 이를 계기로 국제통화기금(IMF)과 국제부흥개발(IBRD)도 설립됐다.

그러나 1950년 들어서면서 미국이 재정지출을 확대함에 따라 공급할 수 있는 금물량 마저 한계에 도달했다. 베트남 전쟁을 계기로 통화량의 요구가 커지고 미국의 경상수지 적자가 불어나자 닉슨 미국 대통령은 '더 이상 달러와 금을 바꿔줄 수 없다는 '금태환정지선언'을 하게 된다. 이 같은 긴급조치에 대해 당시 주요국들이 다른 대안이 없어 울며 겨자 먹기로 승인하면서 달러는 기축통화의 지위를 계속 유지하게 됐다(매일경제, 2009, 9,13).

기축통화가 되고 또한 이 통화의 화폐발행권을 장악하는 것 자체가 세계금융시장을 조작할 능력을 갖게 됨으로 그 이득이 어마어마하다. 따라서 이러한 기축통화의 화폐발행권 점령을 둘러싸고 미국정부와 초국적 국제금융재벌세력 사이의 치열한 공방전은 가공할만하다. 세계의 기축통화인 미국의 달러는 이미 이 초국적 국제금융재벌세력이 승리로 이들에게 넘어가 버린 것이다. 달러 화폐발행권이 세계경제를 왜곡시키고 심각한 비윤리적 폭리를 문제 삼는 것은 미국의 의회만 오케이 하면 달러를 제한 없이 마구 찍어낼 수 있는 닉슨 대통령의 '금태환정지선언' 이후라고 말할 수 있다. 기축통화(Key Currency)의 발행국이 되면 경상수지 적자를 자국통화 표시 채권발행으로 메울 수 있는 특권이 있다(조선일보, 2011, 1,1). 물론 기축통화인 달러 화폐발행권과 비(非) 기축통화의 화폐발행권의 사이는 영향력의 차이는 매우 크다. 기축통화의 경우는 인플레이션의 파급효과가 국제적으로 널리 파급 된다.

양적완화(Quantitative Easing)정책은 은행들이 보유하고 있는 국채 및 채권을 중앙은행이 매입하는 방식으로 통화의 공급을 늘리는 조치다. 글로벌 금융위기가 시작되자 2008년 12월부터 2010년 3월까지 약 1조 7000억 달러의 제1차 양적완화를 시행했다. FRB가 양적완화를 통해 주택저당증권(MBS)와 장기국채를 대량으로 매입하여 침체된 주택시장을 부양하고 장기금리를 내려 실물경제를 회복하려고 했다. 그러나 FRB의 양적 효과가 끝난 직후 미국경제는 곧바로 다시 침체로 빠져들었고 더블딥의 이중침체의 우려가 시장에 팽배했다. 그리하여 다시 2010년 미국이 경기부양을 위해 중앙은행이 장기국채를 추가로 매입하는 방식으로 자금을 6000억 달러를 방출하는 제 2차 양적완화정책(quantitative easing)을 계기로 환율전쟁이 빚어졌다. 그리고 세계 금융시장에 달러가 과잉 공급될 경우 달러 가치가 하락할 수 밖에 없어, 중국 등 외환보유액의 달리비중이 높은 나라들은 국민들이 피땀 흘러 벌어들인 자산을 그 만큼 도둑맞는 셈이다(조선일보, 2011, 1, 1). FRB가 금융위기 직후 쓰레기 같은 채권을 사들여 시중에 대거 유동성을 푸는 정책으로 대형 금융기관들의 부도사태와 대공황의 나락에 떨어지지 않도록 막았다. FRB는 마치 헤지펀드와 같은 역할을 하고 있다(한국경제, 2011, 1, 14). 그리고 미국이 기축통화의 지위를 누리고 있는 한 돈을 풀어 미국경제는 언제든지 살아날 수 있음을 보여준 셈이다. 이와 같이 기축통화 보유국은 언제나 적자국으로서의 부담을 안고 있다고 하더라도 언제든지 화폐를 찍어내면 그만이라는 모순 때문에 국제 무역 및 국제금융상의 불균형문제를 항상 초래시키는 것이다. FRB의 제 2차 양적완화가 긍정적인 경기 부양의 훈풍이 부는 효과가 나타나는 듯 하더니 곧 1차 양적완화가 종료될 때와 마찬가지로 또다시 미국경제 침체에 대한 우려가 다시 금융시장을 불안하게 하였다.

미국 연방 정부의 부채한도를 증액하고 재정적자를 감축하는 협상이 가까스로 타결됐다. 2011년 8월 1일 미국 하원은 전날 극적으로 타결된 연방정부 부채상환증액안을 찬성 269표, 반대 161 표로 통과시켰다. 하원보다는 이 합의안에 대한 반발은 상원이 하원보다 월씬 적어 상원의 통과는 무난하다. 이 타결안의 핵심은 연방정부의 부채한도를 2013년까지 단계적으로 2조 1000억 달러 증액하고 재정적자는 10년에 걸쳐 총 2조 5000억 달러를 줄인다는 내용이다. 이 중 재정적자 감축은

행정부가 10년간 9170억 달러를 줄이고 나머지는 의회특별위원회가 구체적인 항목을 정해 1조 5000억을 줄이도록 한다는 것이다. 이러한 재정적자 감축 과정에서 정부지출이 위축된다는 우려가 있을 수 있다. 그러나 이러한 부채상환증액안의 가장 중요한 요건은 5월 6일 이후 미국정부의 부채를 14조 3000억 달러로 묶여 차입을 늘이지 못한 것을 풀었다는 점이다. 그리고 제3차, 제4차 양적완화 등의 정책으로 실시할 수 있는 길을 터 놓았다는 것이다. 재정적자 감축계획으로 말미암은 재정긴축 및 경기침체의 가능성은 부수적이고 피상적인 현상이다. 그리고 더 핵심을 봐야 하는 것은 미국의회가 표결로 처리만 하면 세계경제에 심대한 영향을 줄 수 있는 달러의 발행을 맘껏 할 수 있는 체제인 것이다.

러시아의 푸틴 총리는 2011년 8월 초에 이러한 미국의 채무한도 증액조치에 의하여 또 달러화를 마구 찍어내는 양적완화 정책을 두고 “미국은 세계경제의 기생충 같은 존재”라고 독설을 퍼부었다”. 그러나 이러한 비난에도 미국은 자신의 비리를 더 드러내며 이것이 세계의 핫이슈가 될까 두려워하며 정면 대꾸를 피하고 있다. 푸틴은 더욱 자신감을 갖고 다시 또 독설을 반복하고 있다. 푸틴은 중국과의 유대를 강화하기 위한 중국 방문기간 중에 신화통신에 “미국 달러 중심의 통화체계는 세계경제의 기생충이다. 미국 자체는 기생충이 아니지만 미국의 달러독점 체제는 세계경제의 기생충"이라고 다시 한번 강조했다(조선일보, 2011, 10, 13).

달러 화폐발행권은 실제로 미국이 갖고 있는 것이 아니라 더 엄밀히 따지면 미국 정부로부터 거의 완전히 독립되고 있으며 초국적 지하경제의 세계금융재벌세력의 지배하게 놓여 있는 민간은행인 FRB가 갖고 있다. 미국 정부는 국채를 발행하고 그것을 교환함으로서 FRB로부터 신규로 발행한 달러를 빌려 쓰고 있을 뿐이다. 양적완화정책과 같이 대거 달러를 찍어내고 유동성 공급을 할 때 그 달러 화폐 추가 발행 자체의 이권은 고스란히 FRB가 갖는다. 그리고 이것을 증거할 논거는 다음과 같이 몇 가지를 들 수 있다. 첫째, 글로벌 금융위기 이전 FRB의 총자산 규모는 대략 9000억 달러에 달했다. 그러나 2008년 9월 리먼브러더스 사태 이후 1차 양적완화가 시행된 뒤 대차대조표상 총 자산 규모는 폭발적으로 증가했다. 1차 양적완확 종결된 2010년 3월 말에 2조 3000억 달러로 증가했고 2차 양적완화가 끝난 6월말에는 2조 9000억 달러 까지 증가했기 때문이다(인터넷, economy insight, 2011, 8, 1, 이경훈). 둘째, 미국 정부는 FRB가 발행한 달러 화폐를 그냥 쓸 수 있는 권한이 없고 국채를 발행하여 대출받는 위치에 놓여 있기 때문이다. 셋째, 전 세계의 유태계의 거물 금융인들이 미국의 달러의 화폐발행권을 장악하기 위한 역사적 과정이다. 여기에 관한 사건은 중국의 쑹홍빈의 "화폐전쟁"이라는 책에 상세히 추적되어 있다. 넷째, 미국 정부가 오랫동안 FRB에 빼앗긴 화폐발행권을 되찾기 위하여 처절한 노력을 해온 역사가 있으며 이 과정에서 수많은 정치인이 암살이나 테러를 당한 증거 때문이다. 이것도 역시 화폐전쟁이라는 책에 잘 서술되어 있다. 다섯째, FRB의 화폐발행권을 장악한 초국적 국제금융재벌 세력으로부터 공동의 영향 하에 있는 나라나 기관들의 일사불란한 공조 행동이다. 이스라엘이 이란의 핵 개발에 선제공격의 가능성을 시사했다(KBS방송, 2011, 11, 11). 그리고 미국과 유럽도 이란에 대한 금융통제가 개시될 것이라고 했다. 이스라엘, 미국, 유럽이 같이 움직이는 메카니즘을 확인할 수 있는 예이다. 리비아의 카다피를 제거하기 위한 금융통제 및 군사 행동에도 역시 미국, 유럽, 국제연합이 같이 행동했다. 생각건대 만약 미국과 중국 사이에 갈등의 골이 깊어져서 전쟁으로 나아간다고 가정할 때, 이스라엘, 미국, 유럽, 일본이 모두 함께 움직이며 마치 리비아에 대한 금융통제와 군사행동 처럼 중국을 고립화 시킬 것이다. 아마도 이 때 중국은 북한과 러시아 외에는 동조세력을 더 이상 얻기가 어려울 것이다. 중국은 아직 초국적 국제금융재벌세력을 등에 업고 있는 미국에 대하여 전혀 게임이 안 될 것이다.

세계가 유동성 과잉의 상태임에도 불구하고 미국이 양적완화 정책을 추진하고 있다. 미국달러화의 발행 남발과 가치 저하가 우려 된다. 벤 버냉키 미국연방준비제도이사회(FRB) 의장이 암울한 미국경제의 전망을 내 놓으면서 추가 부양책이 필요하다고 강조했다. 그는 2010년 10월 15일 현지시간으로 보스톤에서 열린 보스톤 연준 주최 컨퍼런스에서 미국의 높은 실업율과 적정이하의 물가 수준과 싸우기 위해 경기부양의 추가 조치를 취할 것이라고 밝혔다. 미국 국채 매입을 통한 달러화의 대량방출은 국제적으로 환율갈등으로 이어지고 미국 달러화 값이 계속 추락하고 있다. 글로벌 금융위기로 휘청거리고 있는 미국이 수출을 늘이고 경기를 살리려고 달러화 약세의 기조를 강하게 밀어 붙이면서 미국의 달러화 가치가 뚝뚝 떨어지고 있는 것이다. 특히 미국이 2차 대규모 경기부양책을 내 놓으면서 달러화를 대량 찍어낼 것이란 전망이 확산 돼 미국 달러 값의 하락세의 속도가 빨라지고 있다. 지난 15일 국제 외환시장에서 호주 달러(AUD)에 대한 미국달러(USD) 환율은 한

때 1AUD당 1.000USD까지 상승했다. 즉, 호주 달러화가 미국달러화 보다 더 비싸지는 역전현상이 처음 나타난 것이다. 미국달러화에 대한 호주 달러화의 환율은 글로벌 금융위기가 불거진 직후인 2008년 10월에는 1 AUD당 0.6058 USD 수준이었다. 불과 2년 사이에 미국 달러화의 가치가 무려 70%나 하락한 것이다. 캐나다의 달러(CAD) 가치도 지금 미국 달러화 가치와 거의 같아졌다. 작년 초 만 해도 미국 달러화가 캐나다 달러화보다도 약 30% 비쌌다(조선일보, 2010, 10, 18).

FRB의 1차 2차 양적완화정책으로 풀려난 방대한 달러화는 그 후 가계나 기업에 대한 대출로 대부분 이어지지 못하고 나중에 다시 민간은행으로부터 지급준비금 형식으로 되돌아 왔다. 다시 말해 미국 중앙은행(FRB)이 국채를 매입한 대가로 시중에 유동성 공급을 했음에도 불구하고 압도적인 비중은 다시 중앙은행에 예치된 시중은행 지급준비금 계좌에 머물러 있는 형국이다. 2010년 11월 1, 2차 양적 완화 시행이후 지급준비금의 95%이상이 법정 초과 지급준비금이었다. 즉, 중앙은행과 시중은행 사이에 자산의 구성상 국채와 지급준비금 사이에 교환만 일어났을 뿐 가계와 기업에 대한 대출 증가로 이어지지 못하였다. 유동성 위기에 처하여 있는 금융기관들의 부도를 막아준 기능 외에는 별다른 효과를 보지 못한 것이다.

오히려 1,2차 양적완화 이전 후 5% 실업률이 이후에는 2009년 10월 10.1%, 2010면에는 9.2%였으며 소비자물가지수는 수입물가의 및 석유를 비롯한 원자재가격이 상승 때문에 지속적으로 인상한 것이다. 2010년 5월에는 소비자물가지수가 3.6%를 마크하였다. 대중들의 구매력의 감소와 경기침체현상이 가속화되었고 실물경제지표의 추세가 하강국면을 이어가고 있었다. 그리고 미국의 양적완화는 기축통화인 달러 가치의 하락과 환율전쟁을 초래했다. FRB의 대규모 국채매입과 달러의 방출은 앞으로 미국 국채와 달러의 가치하락이 전망되어 국제 금융시장에서 미국 국채와 달러를 매각하고 신흥국 통화를 포함한 고수익 위험자산으로 자산의 재분배를 초래했다. 이에 따라 신흥국의 통화가치는 상승했고 또한 국제적 인플레이션은 원자재 가격의 급등을 가져왔다. 결국, 양적완화정책은 그것을 가장 필요로 하지 않은 집단, 즉, 월가에 가장 많은 수혜를 안겨다 주었다. 반면에 그것을 가장 필요로 하는 사람, 즉, 미국 및 세계의 노동자와 가계는 가장 많은 손실을 얻었다. 즉 빈익빈 부익부의 과정이었고 양극화 빈부격차가 더욱 심해졌으며 구매력이 크게 반감되었다. 경기침체와 실업률 증가는 당연한 귀결이었다. FRB가 수도 꼭지를 틀었으나 FRB와 월가만 단맛을 빨아들였고 아래로 물이 흐르지 못한 것이다. 1,2차 양적완화는 실물경제에 거의 기여를 하지 못하였다. 양적완화정책은 단순히 서민 대중으로부터 금융기관으로 자산의 소유권 이전만 초래했을 뿐이다. 이러한 양적완화정책의 실패는 다음과 같은 경로로 악순환이 반복되게 만든다.

"1, 2차 양적완화정책 - 국제적 인플레이션 - 빈부격차 심화 및 양극화 현상 - 대중들의 세금과다 및 구매력 상실 - 기업의 투자기회 상실 및 경기침체 - 스테그플레이션 - 실제 구매력 수준으로 거품붕괴 - 3차 양적완화정책 - 글로벌 금융위기 반복 - 환율전쟁, 부채갈등 - 혁명 혹은 전쟁의 가능성".

3. 기축통화의 미래와 중국의 위안화

화폐전쟁의 저자 쑹훙빈(宋鴻兵) 환추(環球)재경연구원 원장은 2011년 8월 10일 동아일보와의 전화 인터뷰에서 다음과 같이 단호하고 확신에 찬 목소리로 말했다. "최근 미국의 신용등급 하락으로 세계경제가 요동을 치고 있다. 미국의 신용등급 하락은 당연한 결과이다. 달러체계는 갑자기 붕괴할 것이고 전쟁까지 날 수 있다. 한 국가가 세계의 무역결제 화폐를 제공하는 제도는 근본적으로 내적 결함을 갖고 있다. 지금 세계경제가 발전하고 각국의 외환보유액은 매우 커졌다. 이는 미국의 국채의 수요를 끊임없이 높였고 미국의 세수는 국채 발행액을 도저히 따라 갈 수 없었다. 적자는 계속 커졌고 미국의 신용등급 하락은 조만간에 닥칠 일이었다. 이 신용등급 하락이 금융에 미치는 불안과 미국의 증시가 지금 요동을 치는 상황은 오래가지 않을 것이다. 왜냐하면 현재 미국의 금융위기를 헤쳐나갈 방도는 국채발행 밖에 없지만 월스트리트는 이 기회를 이용하여 제 3차 양적완화정책을 요구할 것이다. 이런 각도에서 보면 최근 미국의 신용등급 하락은 월가와 신용평가 회사인 S&P가 함께 손을 잡고 미국 의회와 정부에 돈을 찍어 내라고 큰 공연을 펼치는 것이라고 해석된다. 이러한 양적완화 정책이 없다면 미국은 미국의 경제가 곧 쇠퇴의 길로 쇠락할 수도 있다. 하지만 계속된 양적완화는 오히려 미국이 당면한 문제를 심화시키고 금융시장에 대한 충격도 계속 커질 것이다"(동아일보, 2011, 8, 12). 이러한 쑹훙빈의 견해가 필자에게는 매우 신뢰가 간다.

달러체제에 대한 불신이 점차 깊어지고 많은 국가가 외환보유액의 다원화를 더욱 가속화할 것이다. 달러체제는 천천히 쇠퇴의 과정을 밟는 것이 아니라 위기를 통해 갑자기 붕괴할 것이다. 그 때가 되면 미국은 비경제적, 비금융적 수단을 동원할 가능성이 매우 크다. 전쟁 등을 일으키거나 정치적 조치로 막대한 이권이 결부되어 있는 달러 체제의 세력 약화를 막으려고 할 것이다. 중국의 위안화를 포함해 각국이 달러의 지위를 빼앗는 과정에 아주 격렬한 투쟁이 발생할 것이다. 심지어 전쟁까지 발생할 수 있다. 그러나 초국적 국제금융재벌 세력이 장악하고 있는 화폐발행권은 달러체제와 유로화체제이기 때문에 같은 뿌리를 둔 유로화체제에 대해서는 싸움을 걸지 않을 것으로 예상한다. 이것은 글로벌 금융전쟁이 왜 조직행동경제학의 관점에서 이해되어야 하는지의 이유이기도 한 한 사례이기도 하다. 만약 미국이 중국과 전쟁을 벌인다면 중국은 무기성능의 약세, 서구 금융네트워크에의 종속성과 내란의 가능성 때문에 중국에게 매우 불리한 싸움이 될 것으로 예상된다.

최근 금 가격의 상승은 금 자체의 가치 때문이 아니라 세계가 달러자산에 대해 불안해 하기 때문이다. 금이 달러의 진정한 경쟁자가 되는 서막이 열린 셈이다. 한국도 평소에 안 사던 금을 산 것이다. 중국은 달러화에서 최대한 벗어나기 위하여 위안화의 국제화를 추진하는 동시에 아시아 국가들과 화폐 동맹을 적극적으로 추진할 가능성이 있다. 한국은 국제적 개방적 자유시장경제체제에 깊숙이 편입되어 있기 때문에 한국의 금융시장은 근본적으로 불안정성의 특징을 갖고 있다. 한국은 달러가치의 하락에 따른 혼란을 미리 방어하는 방도를 찾는 것이 필요하다. 즉 아시아 국가들은 달러의 영향력에서 벗어나는 것이 모두의 공동이익이며 점점 동일한 시장, 동일한 화폐를 지향하는 것이 바람직 할 것이다. 한국, 중국, 일본은 역사의 문제를 해결하고 하나의 이익동맹체를 결정하는 것이 옳다. 그러나 미국의 개입으로 아시아의 경제공동체 형성은 북·중·러와 한·미·일의 양 갈등적 체제로 나누어져 어려운 장애가 조성되고 있다(동아일보, 2011, 8, 12, 쑹훙빈 인터뷰). 북한의 연평도 폭격 및 천안호 격침사건은 남북 간 대립뿐만 아니라 미국, 중국, 일본 등 동북아 주변국 간 파워게임 양상으로 일파만파 확산될 조짐을 보이고 있다. 북한의 무력도발이 가져온 가장 큰 영향 중의 하나는 한·미·일 3국 동맹의 관계가 그 어느 때 보다 확고해 졌다는 점이다. 이를 계기로 동아시아를 글로벌 경제의 새로운 활력 거점으로 변모시켜나가야 한다(매일경제, 2010, 12,14). 그러나 그 만큼 한·중·일 동북아시아 공동체의 형성은 그만큼 멀어졌음을 의미 한다.

중국의 재정부는 해외에서 2차례에 걸쳐 이미 140억 위안의 채권을 발행했고 앞으로 3차로 200억 위안을 발행할 예정이다. 그리고 위안화는 이미 유로화에 이어 제3의 국제결제 통화로 부상하였다. 중국은 수입이나 수출을 할 때 위안화 결제를 적극적으로 추진하여 2011년 1~4월 상반기는 작년보다 16.8배나 위안화결제금액이 증가했다. 홍콩에서는 위안화 무역결제가 1년 만에 63배 급증하였다. 이 증가 속도는 매우 빠르다고 할 수 있다. 그리고 중국의 중앙은행인 인민은행의 통화스와프도 위안화의 국제결제를 촉진시켰다. 중국 인민은행은 2008년 말 한국은행과 통화스와프를 체결한 것을 비롯하여 말레이시아, 인도네시아, 홍콩, 싱가포르 등 10개국 중앙은행과 통화스와프를 체결했다. 그리고 위안화 보유자를 대상으로 한 투자상품도 확대되고 있으며 위안화금리파생상품 거래 및 중국에 거주하는 외국인이 위안화로 해외에 직접투자하는 것도 허용했다. 그런데 이번 미국 국채의 신용등급 강등을 계기로 위안화 국제화는 더욱 속도를 낼 것이라는 분석이 나오고 있다. 미국의 달러 위기는 위안화의 국제화의 중요한 기회가 될 것이다(한국경제, 2011, 8, 9). 그러나 이러한 기축통화 만들기 움직임은 미국으로 하여금 중국에 대한 경계의식을 매우 높여 오히려 중국의 장래를 오히려 위기에 빠뜨릴 수 있는 요인이 될 수 도 있을 것이다.

앞으로 기축통화의 개편방향은 첫째, 복수 기축 통화체제이다. 다극체제의 성격의 지역 기축통화나 지역 내 통화스와프(SWAP)체제의 구축에 관한 논의도 이에 포함된다. 금융위기로 일부 국가에서 외화유동성 차입의 어려움을 겪음에 따라 이를 해소할 수 있는 방안을 통화스왑이라는 국제공조가 확대되고 있다. 통화스왑은 당사자가 상호 약정된 환율에 따라서 일정한 한도 내에서 통화를 교환하는 거래를 뜻한다. 일정한도 내에서 자국통화를 맡기면서 상대방 국가의 통화를 필요할 때마다 빌려올 수 있는 시스템이다. 쉽게 말해 자국통화를 담보로 한 마이너스통장 개념으로 볼 수 있다. 각국은 이러한 통화스왑을 통해 일시적으로 외화유동성이 어려워진 국가들의 숨통을 트이게 해줄 것이다. 하지만 이러한 통화스왑 이면에는 국제사회에서 통화스왑 라인을 확대해 자국 통화 영향력을 확대하려는 각국의 야욕과 경쟁이 숨어져 있다. 특히 미국 발 금융위기 및 대규모 달러의 양적완화 조치로 기축통화인 달러의 위상이 흔들리고 있는 상황에서 통화주도권을 잡기 위한 보이지 않은 전쟁이 진행되고 있다. 그리고 각국이 불안하여 쌓아둔 외화보유고를 사용하여 소비를 촉진하는 의도로 깔려 있다(매일경제, 2009년 4, 18). 중국은 위안화를 기준으로 한 통화스왑 협정에 적극적으로 나오고 있다. 이는 최근 중국이 자주 드러내는 국제화 전략과 연결되어 있다. 미국이 통화스왑을 이미 선진국들과 적극적으로 체결하여 유동성 위기의 안정장치를 마련해 주고 있다. 이는 선진국들로부터 미국이 달러를 자꾸 찍어내어 방출하더라도 지지를 얻기 위한 상부상조의 책략이라고 평가된다. 특히 미국이 무제한 달러를 제공하는 나라로는 EU, 영국, 스위스, 일본이다. 이 무제한 통화스왑의 협정을 체결한 나라들은 달러가 제한 없이 발행되는 한 국가채무는 자꾸 늘어나더라도 유동성위기를 경험하지는 않을 것이다. 필자의 생각에 일본이 미국과 이러한 무제한 달러공급의 스왑을 체결했다는 사실은 일본의 경제주권의 상실을 의심스럽게 하는 대목이 아닐 수 없다. 이러한 점을 미루어 볼 때 비록 가설적이긴 하지만 일본은 이미 초국적 세계금융자본세력의 지배하에 들어갔으며 엔화 발행권도 미국의 달러 발행권처럼 이미 이 세력으로 넘어가 버린 것이 아닌 가 추측된다.

둘째, 국제통화기금(IMF)의 특별인출권인 SDR(Soecial Drawing Right)을 새 기축통화로 활용하는 방안이다. SDR은 달러, 파운드, 유로화, 엔화의 4개 선진국 통화에 연동돼 가치가 매겨지기 때문에 달러보다는 환율이 안정되어 있다는 장점이 있다. IMF는 2500억 달러 규모의 특별인출권(SDR)을 새로 발행하여 회원국들에게 배분한다(한국경제, 2009, 7, 22). 일각에서는 대규모 SDR 발행이 달러를 대체하는 기축통화로 가능케 하는 첫걸음이 될 수 있을 것으로 관측했다. 사실상 IMF는 초국적 세계금융세력의 간접적인 파생금융 조직이기 때문에 달러 기축통화체제와 별반 다르지 않다. 중국 중앙은행도 달러화 대신 구제통화기금(IMF) 특별인출권(SDR, Special Drawing Right)을 새 기축통화로 사용하고자 제안한 바가 있다(매일경제, 2009년 4, 18). 중국이 이러한 제안을 한 것은 현재 기축통화인 달러의 역할을 줄이고 대신 계획적이고 통제 가능한 새로운 통화의 사용을 추천한다는 정치적 의미가 내포되어 있다. 초국적 세계총금융세력의 지배구조가 비교적 보다 간접적이고 그 관련성도 보다 엷은 이 기구를 전략상 중간단계의 방법론으로 택한 것으로 보여 진다. IMF는 자금을 더 늘일 필요가 있으며 이 때 외환보유자금의 여유가 있는 중국이 그 지분을 증가하고 아직까지 금융위기의 후유증으로 씀씀이가 많은 유럽이나 미국 등이 IMF 자금을 빌려 쓰기로 한다면 간접적이나마 결국 중국 돈을 빌려가는 셈이 되기 때문일 것이다.

셋째, 단일의 세계은행을 통하여 초국적 통화를 만들자는 발상은 SDR과 흡사하다. 이 경우도 국가별 통화정책이 제약받을 수 있어 국가 간의 합의가 쉽지 않다는 한계가 있다(조선일보, 2011, 1, 1). 세계경제는 다극화 되고 있는데 글로벌 환율체제는 여전히 달러 기축통화체제를 유지하고 있어 많은 모순을 낳고 있다. 환율전쟁에 따른 세계경제 불안정을 방지하려면 글로벌 통화체제 역시 다극체제로 전환해야 한다(조선일보, 2011, 1,1). 기축통화의 다변화는 급격한 자본변동성에 대한 대응방안과 글로벌 불균형 해소 방안과 밀접한 관련이 있다. 장기적으로 세계의 기축통화가 달러, 유로, 위안화의 3대축으로 변화할 가능성이 높다.

중국은 최근에 미국과의 경제규모의 격차를 줄이고 있으며 또한 무역규모면에서는 이미 미국을 추월한 것을 바탕으로 위안화가 주요 기축통화로 부상할 여지가 충분하다. 최근 중국의 위안화가 국제금융시장에서 빠른 속도로 영역을 넓혀가고 있다. 이미 동남아 지역에서는 대표통화로서 위안화가 무역결제를 할 때 달러와 같은 대접을 받고 있다. 그리고 중국정부가 발행하는 위안화 표시 국제청약에는 7배 이상의 자금이 몰려올 정도로 인기이다. 위안화가 가치절상의 기대감 때문에 다른 나라의 외환보유통화로서 사용되는 경향이 더 커짐에 따라 빠른 속도로 해외로 풀려나가기 시작하였다. 2010년 해외에서 유통되는 위안화 규모는 1조 위안, 그리고 중국본토 이외에서 발행 유통되는 위안화표시 국제 채권 발행 잔액은 134.68억 위안이나 되었다(조선일보, 2011, 1,4). 중국의 위안화 국제화 전략은 매우 유리한 접근으로서 이를 효율적으로 접근하기 위한 조건으로서는 위안화 무역결제 등 대외결제의 촉진, 중국자본시장의 개방, 변동환율제 실시, 위안화 자유 태환성 확보, 선진국 수준의 물가안정 등이 선결되어야 할 것이다.

4장 환율전쟁과 무역전쟁

1. 무역전쟁과 환율전쟁

화폐, 즉 돈의 가치는 상황에 따라 변화무쌍하다. 앞으로 돈의 가치가 떨어질 가능성이 있으면 사람들은 상품이나 원자재, 금, 은, 부동산 등을 사 둘려고 한다. 화폐의 가치의 하락으로 인한 위험을 피하는 과정으로서 환물사상에 의한 실물로의 옮겨 타기라고 할 수 있다. 그리고 이러한 실물사이에서도 화폐보유를 매개로 하면서 더욱 가치증식의 효율적인 방향으로 전환행위를 계속할 수 있다.

반면에 이러한 실물의 가격이 하락할 가능성이 있으면 오히려 이번에는 화폐 쪽을 보유하려고 할 것이다. 그리고 실물의 가격이 가장 하락하여 다음에는 실물의 가격이 올라갈 가능성이 있는 경우는 실물을 다시 보유하였다가 실물의 가격이 가장 올랐다고 판단될 경우에 다시 화폐로 다시 바꿀 것이다. 이와 같이 화폐는 가치보전 및 가치증식을 위하여 부단히 실물과의 상호교환 행위를 계속하는 것이다.

뿐만 아니라 화폐는 이익을 얻기 위하여 은행에 예금을 하거나 채권의 형태로 변동하기도 하고 이윤을 얻기 위하여 주식의 형태로 투자하기도 한다. 어떤 채권, 어떤 투자를 할 것인가도 그 종류에 따라 가치증식의 효율성을 높이는 방향을 주로 화폐를 매개로 한 전환행위가 역시 계속될 것이다. 여기서 투자는 각종의 생산활동을 포함하는 것이다. 만약 어느 개인, 기업, 국가가 생산의 경쟁력이 있는 상황이나 조건에 놓여 있다면 많은 량의 화폐가 이곳으로 투자될 것이다.

화폐사이에서도 상호 교환행위가 반복된다. 한화를 보유한 사람은 그 화폐의 가치를 극대화하기 위하여 달러화, 유로화, 엔화, 위안화 등의 화폐와도 탈바꿈을 계속하는 것이다. 이와 같이 화폐는 그 가치증식을 위하여 그 변신이 한없이 변화무쌍하다고 볼 수 있다. 지금 화폐를 중심으로 한 관점에서 경제행위를 이해해 보려고 하였다.

인간의 행위의 근본 원인은 우선 이러한 이해관계 때문이라고 볼 수 있다. 그러나 이 밖에도 공포와 도피, 종교에 의한 행위, 문화, 타성, 학습, 세뇌, 교육의 원인에 의한 행위, 그리고 정서, 추억, 인간관계 원인에 의한 행위를 들 수 있다. 화폐에 의한 경제행위는 이러한 여러 인간의 행위 중에서 이해관계에 입각한 합리적 행위의 일부분 이라고 볼 수 있다. 그리고 경제행위는 궁극적으로 보유 화폐 가치의 극대화를 위한 생산활동과 금융행위로 나누어 볼 수 있다. 사람들은 생산활동에서 실패하면 금융활동으로 손실을 보상하려고 한다. 국가사이도 마찬가지이다. 무역에 의한 경상수지의 실패는 일차적으로 관세장벽, 정부보조금 등으로 보전해 보려고 하지만 결국 비경상수지인 자본거래 및 통화발행, 환율조작, 외환유동성 통제 등과 같은 금융전쟁을 통하여 그 손실을 상쇄하려는 것이다.

전쟁 상황과 외환위기는 사실상 서로 다를 게 없다(조선일보, 2011, 10, 22, 송희영 칼럼). 우리나라는 달러가 부족하여 고통을 겪은 위기가 여러 번 있었다. 제1차 석유파동은 1973년 중동전쟁이 석유전쟁으로 비하하여 세계경제가 2차 세계대전 이후로 가장 심각한 불황에 직면할 때이다. 갑작스러운 원유가격 인상과 부품가격의 상승 등 인플레이션으로 외환위기가 온 것이다. 그리고 제2차 석유파동은 이란의 원유의 감산조치와 수출중단으로 또 한 번의 유가상승을 경험하면서 외환관리에 극심한 피해를 받았다. 1차, 2차 석유파동 후에는 수입대금을 결제할 돈 조차 부족해 국무총리와 외무부 장관까지 나서 구걸하다시피 했었다. 다행히 부유해진 중동지역의 건설붐으로 말미암은 건설 수출 달러유입이 위기 극복에 큰 도움이 된 적이 있다. 그리고 근래에도 두 번이나 외국이 자본공격에 무너져서 숨 막히는 듯한 더 큰 경제파탄의 위기에 처한 적이 있다. 그 하나는 흔히 “IMF재정위기”라고 불리는 1997년 1차 외환위기이다. 이때에 국가부도를 막으려고 급하게 외국으로부터 빌려 쓴 돈은 모두 302억 달러였다. 많은 사람들이 국제통화기금(IMF)에서 갖다 쓴 195억 달러만 주로 기억하지만 사실은 세계은행(IBRD)에서 70억 달러, 아시아 개발은행(ADB)에서 37억 달러를 더 빌렸다. 그리고 2008년의 2차 외환위기 때 미국 연방준비제도이사회(FRB)에서 빌려온 급전은 410억 달러였다. 1차 때는 44개월 만에 원리금을 상환하고 2차 때는 15개월 만에 깨끗하게 갚았다.

한국이 이와 같이 연달아 외환관리에 실패한 배경에는 순진하게 외환거래나 환율을 단순히 수요, 공급 그리고 가격의 메카니즘의 시장결정경제학의 접근으로만 주로 생각하는 정치지도자들의 잘못이 있었기 때문이다. 즉, 오히려 조직행동경제학의 종합인식이 필요한 것이다. 외환위기 전 징조나 현란한 전략을 구사하는 초국적 국제금융재벌세력의 작전파악, 방어체계 구축의 필요성 등 어느 것을 보더라도 외한 파동은 군사적 전쟁과 결코 다를 바 없다. 더군다나 외환 부도 이후의 참상을 보면 더욱 그렇게 여겨질 것이다. 어느 나라든 외환파동을 겪고 나면 실업자가 늘어나고 빈곤층이 커질 뿐만 아니라 자살하는 사람, 굶어 죽는 사람, 치료받지 못해 죽는 삶 등 사망자들도 속출하게 되어 있다. 국가 부도 위기 때 계층 간 갈등이 폭발하면서 정권교체가 거의 100% 이루어지는 가능성이 있다.

외환전쟁에 응전하는 방식은 나라마다 다르다. 아르헨티나는 2002년 외환파동 때에 예금인출 소동으로 모든 은행이 문을 닫았다. 견디다 못해 결국 외환상환 중단인 디폴트를 선언했고 결국 30% 안 팍만 갚는 선에서 끝났다. 러시아도 1998년 외채를 못 갚겠다고 드러누워 버려 서방은행들은 원리금을 절반정도 챙기는데 만족해야 했다. 러시아에는 우리나라도 1991년 구소련 때 빌려준 3년 거치 5년 분할상환 조건의 14억 7000만 달러 경협차관의 원리금을 다 받지 못하고 상당히 탕감해 주었다. 이 경협자금은 10억 달러 은행 차관과 별도로 수출입은행의 소비재 차관으로 4억 7000만 달러를 제공했었다. 그리고 정부는 소련에 빌려준 경제차관 원리금 중 4억 6천만 달러는 헬기, 방산물자, 원자재 등 현물로 받고 또한 6억 6천만 달러를 깍아 주기로 했다. 그리고 남은 원리금은 2025년 까지 23년간 분할해 돌려받기로 하였다(중앙일보, 2003, 6,20). 이에 반하여 한국은 IMF외환위기 때 빌린 원금과 이자는 아주 짧은 기간 내에 다 갚았기 때문에 모범생 수준이라고 할 수 있다. 더군다나 온 국민이 나서서 금 모으기 까지 해 가면서 빚은 갚는 모습은 전 세계인들에게 깊을 인상을 주었던 것이다.

우리나라가 IMF재정위기를 겪을 때부터 관리경제체제에서 자유시장경제체제로 급격히 변하면서 자본의 개방화가 크게 이루어져 왔다. 외국의 자본이 들락거리기에 가장 좋은 호조건을 만들어 준 것이다. 문제는 이러한 자본개방화에 발맞추어 반드시 해야 할 일은 외환위기를 막기 위한 안전장치이다. 당시에 외환시장을 너무 빨리 개방하는 것도 문제이지만 이에 상응하여 한국의 맹방 국가와 통화동맹을 체결하는 것을 소홀히 한 점은 국제금융세계에 대한 무지의 소치라고 볼 수 밖 에 없다. 이를 위한 통화협정은 OECD 가입 때부터 활발히 추진했어야 했다. 그러나 다행히 최근 한·일 정상회담에서 한국은 행과 일본은행 간에 700억 달러 통화교환인 SWAP에 합의했다. 그리고 미국과 필요할 때 달러 유동성을 적극 지원 받기로 합의 했다는 좋은 소식도 있다. 덕분에 한국에서 3차 외환위기로 번질 가능성은 이전보다 20%이하로 뚝 떨어진 셈이다.

영국, 프랑스, 독일, 스위스는 1962년에, 그리고 일본은 1973년에 처음 미국과 통화교환 스왑협정을 맺었다. 미국은 그 후 2001년 911테러나 금융위기가 오면 이들 선진국과 이 통화협정을 자동적으로 유효하도록 가동하여 왔다. 하지만 한국의 경우는 허둥지둥 쫓아가 매달려야만 문을 조금 열어주는 사이로 지내고 있다. 북한이 침공하면 미군이 자동 개입 하는 안보동맹처럼 마찬가지로 한국에 외환위기가 닥치면 미국이 자동 유동성을 제공하는 장치를 마련해야 한다. 지금 전 세계에서는 하루에 거래되는 상품 무역의 금액 보다 무려 10배, 20배 많은 돈이 금융부문에서 IT 기술을 힘입어 빛의 속도로 오간다. 이제는 돈과 돈이 싸우고 돈이 실물경제를 지배하는 금융의 시대이다. 과거의 군사력에 의한 식민지 시대가 미래에는 금융에 의한 식민지 시대로 전환하는 셈이다. 우리가 이것을 부정하거나 무시하면 우리의 외환위기는 끝나지 않을 것이다(조선일보, 2011, 10, 22, 송희영 칼럼).

미국과 중국 사이의 환율전쟁 혹은 통화분쟁의 근본원인은 미국의 금융완화정책에서 비롯되지만 미국이 또다시 이로 말미암은 손해까지 보지 않으려고 무역불균형을 해소하는 노력의 과정에서 나타난 결과이다. 이는 중국이 지속적인 대미 교역흑자를 내고 있기 때문이다. 중국 상무부가 9월 26일 미국산 닭고기에 대하여 반덤핑관세 105.4%를 물리자 바로 다음날 27일 미국 상무부는 중국산 동 파이프에 대하여 최고 61%의 반덤핑 관세를 부과하기로 했다. 서로 감정적인 보복관세의 부과의 조짐이 보인다. 달러를 대량 찍어내어 방출했기 때문에 달러 약세 및 인플레이션 조장으로 말미암아 공짜로 세계의 자산을 강탈해 가는 이익을 취했으면 그 대가로 자국의 수출경쟁력이 떨어지고 경상수지 적자를 감수해야 하는 것은 당연한 일이다. 그리고 브라질도 중국의 가격경쟁력 때문에 대중국 교역적자가 누적됨에 따라 중국의 환율저평가 문제에 동조하고 있다. 전 세계적인 보호무역주의 및 방어적인 환율정책은 우리나라 경제에 어두운 그림자를 드리우고 있다(매일경제, 2010, 9, 30).

미국과 중국 사이에 위안화 환율을 둘러싼 공방이 뜨거워지고 있다. 미국은 중국을 환율조작국으로 낙인찍고 위안화 절상을 압박하고 있는 반면 미국의 이러한 태도는 보호무역주의로 전 세계가 그 피해를 볼 것이라고 역공하고 있다. 미국은 의회와 행정부가 공동으로 나서서 중국을 몰아붙이고 있다. 미국의 상원은 중국의 위안화 조작을 겨냥하는 '환율개혁법안'을 통과시켰다. 클린턴 국무장관은 10월 14일 뉴욕경제클럽연설에서 "중국의 인위적인 위안화 절하정책은 시장을 왜곡하고 미국수출품이 경쟁력을 상실하게 만드는데 그치지 않고 다른 나라에도 영향을 주고 있다. 그리고 이제 중국의 이러한 환율조작을 미국뿐만 아니라 많은 나라들이 더 이상 용인할 수가 없고 국제사회가 힘을 모아 중국에 대응해야 한다"고 촉구했다. 미국은 중국에 대하여 완전한 변동환율제를 요구하고 있다. 그러나 이러한 미국의 주장은 모든 환율의 근본 문제가 미국이 대량으로 달러를 마구 찍어내는 양적완화정책에서 비롯됨으로 볼 때 그야말로 후안무치의 적반하장이 아닐 수 없다. 뉴욕타임즈 폴 그루먼 컬럼니스트는 중국의 과도한 경상수지 흑자상태와 방대한 외환보유고는 환율조작의 결과이니 적극적으로 보복 위협함으로서 중국 환율 대응책을 강구해야 함을 주장하고 있다. 이것은 뉴욕타임즈와 초국적 국제금융재벌세력과의 커넥션을 의심케 하는 내용이다. 2011년 만 하더라도 1월에 1달러당 6.7 위안이 10월에는 6.4 위안으로 평가절상 되고 있다(한국경제, 2011, 10, 17). 위안화의 환율하락 보다도 달러의 과잉공급 여파로 달러의 실제 가치가 더욱 급격히 빠르게 떨어지고 있기 때문에 이 정도의 평가절상으로 도무지 만족하지 못하고 중국을 오히려 평가절하 하는 환율조작국으로 덮어씌우는 것이다. 브라질을 통하여 WTO에 제소할 움직임도 나타나고 있다. 사실상 2005년 이후 위안화는 이미 23% 절상된 상태이다(매일경제, 2010, 10, 15). 중국마저도 약자의 설움을 억울하게 당하고 있는 셈이다. 그런데 흥미로운 현상은 미국이 3차 완화정책을 실시하려는 즈음에 이러한 중국의 평가절상압력을 잠시 거두어들이고 오히려 미국이 새로 발행하는 국채를 사 줄 것을 부탁한다는 것이다.

2. 미국의 양적완화 정책

2008년 미국 금융위기 해법 중 하나로 FRB의장 버냉키의 양적완화정책이 등장했다. 양적완화란 달러를 찍어 내어 경제를 살리는 것을 말한다. 달러를 찍는 것은 기축통화라는 달러의 독특한 지위 때문에 가능하지만 몇 가지 부작용이 존재한다. 더 찍어 낼수록 기축통화로서 달러의 지위가 약화되기 때문이다. 그 진행과정을 보면 2008년 11월 25일 1차 양적완화 선언하여 2009년 1월 1일 국채 매입 시작, 3월 18일 매입금액 확대, 3월 31일 국채 매입 마감하여 1조 7000억 달러를 투입하여 월가 발(發) 금융위기를 수습한데 이어 2009년 8월 27일 물가하락 속에 경기가 악화되는 디플레이션 조짐이 나타나자 2차 양적완화 암시하였다. 그리하여 2010년 11월 3일 6000억 달러를 푸는 2차 양적완화 정책을 실시하였다. 이로서 금값이 올라가기 시작하며 달러는 약세를 보였다. 역시 달러 가치가 떨어지며 다른 측면에서 수 천 년 동안 인류의 화폐 역할을 해온 금의 수요를 자극한 것이다. 각 나라의 화폐가치가 평가절상 했는지 평가절하 했는지의 판단은 그 나라 화폐에 의한 금 구매력으로 평가하면 아마도 가장 공정할 것이다. 그 만큼

금 자체가 아직도 가장 신뢰할 수 있는 화폐라고 볼 수 있다. 그리고 2008년 6월로 마감되는 2차 양적완화 정책(QE2)은 미국중앙은행인 FRB가 6000억 달러의 돈을 새로 찍어 이 돈으로 미국의 재무부가 발행하는 국채를 산다는 정책이었다. 그 결과로 최근에는 미국 정부가 새로 발행하는 국채의 약 70%를 이 FRB에서 매입하고 있다. 그러나 이 차 양적완화정책이 끝나면 미국 국채를 사줄 큰 세력이 없어지므로 오히려 미국의 국채의 가격이 떨어질 것으로 예상된다.

2011년 미국 정부는 연간 약 3조 8000억 달러를 지출하는데 비하여 세금으로 들어오는 돈은 약 2조 1000억 달러 뿐이다. 그래서 나머지 1조 7000억 달러가 적자이다. 이것은 미국 GDP의 10%가 넘는 액수이다. 이런 방식으로 매년 적자가 쌓여서 미국 정부의 전체의 부채는 약 14조 달러를 넘어서 GDP의 약 100% 수준이다. 결국 미국이 이런 부족한 자금을 마련하려면 경제가 지금보다 더 빠른 속도로 늘어남과 동시에 세금을 지금보다 더 많이 거두어야 하고 또한 정부의 지출을 줄여야 한다. 그러나 이렇게 세율을 올리거나 지출을 줄이는 일은 쉽지 않다. 2011년 지출삭감 액은 겨우 380억 달러에 그치고 있다.

FRB가 이렇게 돈을 찍어 내어 미국 정부에 빌려주는 것은 결국 인플레이션을 조장함과 동시에 만성부채로 말미암은 달러 현금 부족액을 메꾸어 주는 전략이라고 본다. 그러나 이러한 전략은 많은 문제점을 낳기 때문에 오래갈 수 있는 전략이 못된다. 인플레이션이 되면 서민 대중들은 자신들의 재산 및 소득의 실질 가치가 줄어들어 구매력이 약화된다. 또한 정부는 물가를 잡기 위하여 금리가 높임으로서 서민들의 대출이

자의 부담이 가중될 것이다. 그리고 국채 발행을 통한 빚을 갚기 위하여 더 많은 세금을 내야 한다. 즉 서민 대중들은 인플레이션, 과중한 세금, 고금리의 삼중(三重)의 부담 때문에 더욱 빈곤해 질 수 밖에 없는 현상이기 때문이다. 그리고 이 빈곤은 필연적으로 경기 침체를 갖고 온다. 따라서 양적완화정책은 반드시 빈익빈 부익부 현상과 함께 스태그플레이션 상태를 낳게 되는 것이다.

FRB는 오는 6월 말까지 6000억 달러의 국채를 매입하는 2차 양적 완화를 시행할 예정, 또한 FRB는 연방정부의 막대한 부채이자 부담을 줄이도록 저금리 기조를 유지해야 한다는 유혹을 받을 수 있다(한국경제, 2011, 1. 1). 그리고 달러화의 대량공급은 세계 전체의 통화팽창을 일으켜 세계의 원자재, 주식, 부동산의 값을 올리는 인플레션을 조장할 것이다. 최근 원자재의 가격의 앙등이 위험수위에 이르렀다(한국경제, 2011, 1, 5). 기업들은 채산성이 맞지 않아 생산이 위축되고 또한 소비자들의 소득이 늘지 않는 상황에서 소비가 억제되어 세계적인 만성적 스태그플레이션의 초래될 우려가 있다. 그리고 이는 다시 기업의 부실채권의 누적을 유발하여 새로운 금융위기의 시발점이 될 수도 있다.

그러나 앞으로 더 큰 문제는 결국 2차 양적완화에 그치는 것이 아니라 제3차, 4차, 5차 등등으로 양적완화 정책이 계속될 수 밖에 없다는 점이다. 이는 결국 초국적 세계금융자본의 지배하에 있는 화폐발행권자인 FRB만 이권을 챙기고 미국 정부는 스스로 무덤을 파는 것과 같다. 만약 미국 정부가 이러한 재정적자를 줄이려고 시도한다면 미국 경제의 침체는 불가피 할 것이다. 그러므로 미국은 국민들이 큰 고통을 나누어 갖는 대(大) 결단을 내리지 않는 한 재정적자를 줄이기가 매우 어렵게 되어 있다. 인플레이션으로 말미암아 많은 국가들이 출구전략으로 금리인상을 시도 하면 심각한 경기침체와 부채의 고금리로 말미암아 곳곳에 부도의 위기가 나타나고 또다시 미국은 유동성 공급으로 이 불안한 문제들을 해결하려는 양적완화정책을 계속 펴게 될 것이다(인터넷, 2011, 4, 25, 하상주).

미국이 양적완화와 초저금리 정책으로 인플레이션을 해외에 수출한다는 시각이 있다. 로널드 매키넌 미 스탠퍼드대 교수는 월스트리트저널 기고문에서 "1971년, 2003년, 2010년 미국은 낮은 금리와 달러의 평가절하 정책으로 전 세계에 인플레이션과 자산 거품을 야기했다. 투기세력들은 미국에서 낮은 금리로 달러를 빌려 선물시장에 투자하여 주요 원자재 가격을 급등시켰다. 그리고 달러의 풍부한 유동성과 저금리를 바탕으로 캐리트레이드(Carry Trade)가 재개되고 있다. 이는 저금리 통화를 빌려 고금리 통화에 투자하여 차익을 남기는 국제간 자금이동 현상이다. 미국이 1971년부터 세계 기축통화인 달러를 찍어내면서 다른 국가들의 불만을 사 왔지만 미국은 이를 무시했다. 그러나 이는 전 세계와 미국의 경제를 불안정하게 만들었다"라고 비판했다(한국경제, 2011, 1, 28). 사실상 중국 등 아시아 국가들과 브라질 등은 미국의 양적 완화정책에 강력하기 반발하고 있다. 이들 국가들은 미국의 양적완화정책 탓에 달러가 대량 유입되어 자국내 인플레이션을 초래하고 통화가치까지 상승시켜 수출경쟁력을 떨어뜨린다고 주장해 왔다. 아시아의 원화, 엔화, 위안화 모두 양적완화의 통화전쟁의 직격탄을 맞아 모두 가치상승 즉 환율하락의 조짐이 보인다(매일경제, 2010, 9,30).

폴 크루그먼 뉴욕타임즈 칼럼니스트는 위안화 통화가치를 평가절하 하는 중국에 책임을 추궁해야 된다고 적반하장의 입장을 드러내고 있다(동아일보, 2011, 10, 7). 중국이 환율을 낮춘 것이 아니라 미국이 양적완화로서 돈을 찍어낸 상대적 위안화의 가치상승임을 외면한 뻔뻔스런 주장이 아닐 수 없다. 그리고 UC 버클리 대학의 베리 아이켄그린(Barry Eichengreen)도 환율조작은 '중국 정부가 벌이는 광란의 상황'이라고 매도하고 있다. 더구나 2011년 10월 11일 미국 상원은 중국 환율 평가절하에 대응해 보복관세를 부과하는 법안을 통과시켰다. 이 사건의 계기로 미국과 중국 사이의 갈등을 제2차 환율전쟁이라고도 표현된다. 그러나 중국은 이에 상응하여 무역보복에 나서겠다는 입장이다. 따라서 또한 환율전쟁이 무역전쟁으로 확대될 조짐이다(문화일보, 2011, 10, 12).

더군다나 미국 연방 정부의 부채한도를 증액하고 재정적자를 감축하는 협상이 가까스로 타결됐다. 2011년 8월 1일 미국 하원은 전날 극적으로 타결된 연방정부 부채상환증액안을 찬성 269표, 반대 161 표로 통과시켰다. 하원보다는 이 합의안에 대한 반발은 상원이 하원보다 월씬 적어 상원의 통과는 무난하다. 이 타결안의 핵심은 연방정부의 부채한도를 2013년까지 단계적으로 2조 1000억 달러 증액하고 재정적자는 10년에 걸쳐 총 2조 5000억 달러를 줄인다는 내용이다. 이 중 재정적자 감축은 행정부가 10년간 9170억 달러를 줄이고 나머지는 의회 특별위원회가 구체적인 항목을 정해 1조 5000억을 줄이도록 한다는 것이다. 이러한 재정적자 감축 과정에서 정부지출이 위축된다는 우려가 있을 수 있다. 그러나 이러한 부채상환증액안의 가장 중요한 요건은 5월 6일 이후 미국정부의 부채를

14조 3000억 달러로 묶여 차입을 늘이지 못한 것을 풀었다는 점이다. 제3차, 제4차 양적완화 등의 정책으로 실시할 수 있는 길을 터놓았다는 것이다. 함께 거론된 재정적자 감축계획으로 말미암은 재정긴축 및 경기침체의 가능성은 부수적이고 피상적인 현상이다. 그리고 더 핵심을 봐야 하는 것은 미국의회가 표결로 처리만 하면 세계경제에 심대한 영향을 줄 수 있는 달러의 발행을 맘껏 할 수 있는 체제인 것이다.

러시아의 블라디미르 푸틴 러시아 대통령은 이 문제와 관련하여 강력하게 반발하는 그야말로 양심과 용기를 겸비한 사람이라고 할 수 있다. 그가 러시아에서 이러한 반(反) 서방 공격을 함으로서 장기적인 집권의 포석을 시도했는지 알 수는 없다. 그는 다음과 같이 미국경제를 직시하고 있다. "미국이 엄청난 부채를 쌓아가면서 전 세계의 금융을 위협하고 있다. 미국은 세계경제에 기생충 같은 존재이다. 미국은 지금 빚더미 속에서 살고 있다. 이는 처지에 맞지 않게 살고 있는 것으로 다른 나라에 옮기면서 기생충과 같이 행동하고 있다. 미국이 달러화 가치를 떨어뜨려 수출에 유리한 환경을 만들기 위해 디폴트(부채상환불이행)라는 아이디어를 활용한 것일 수도 있다"(매일경제, 2011, 8, 3). 독일 정부도 달러를 대량으로 발행하여 방출하는 것 자체가 "사실상의 환율조작"이라고 비난했다(조선일보, 2010, 11, 5). 이러한 문제점이 있음에도 불구하고 버냉키 의장이 3차 양적완화정책을 쓰게 될 경우를 가정해 보자. 첫째, 가뜩이나 불안한 물가를 다시 밀어 올릴 수 있다. 시중에 푸는 달러자금이 해외로 빠져나가 현지 통화가치가 상승할 경우엔 환율전쟁을 재연시킬 개연성이 높다. 이미 2차 양적완화가 미국과 해외의 물가상승은 물론 중국, 브라질 등과의 환율전쟁을 초래했다고 비난을 받는 상황이다. 그리고 과잉 유동성 공급으로 미국 등 주요국의 주식시장이 상승할 것이며 금, 원유, 원자재, 식료품 등의 가격을 상승시킬 것이다. 그리고 핫머니의 유입에 다른 환율 하락을 막기 위해 각국이 적극적인 외환시장에 개입하여 자국의 화폐의 가치를 떨어뜨릴 시도를 할 것이다. 자국의 화폐를 추가로 발행 및 공급을 하여 달러 유동성 공급에 대한 맞불 작전으로 나아갈 수 있다. 이 경우에 환율은 안정될 수 있을지언정 인플레이션 현상은 더욱 가중될 것이다. 둘째, 특히 중국시장의 전망이 어두워질 수 있다. 미국이 푼 돈이 대거 중국으로 흘러들어 중국경제를 괴롭혀 온 인플레이션 부담을 더욱 가중시키는 문제가 발생하게 될 것이다. 더군다나 세계 각국이 경쟁적으로 화폐를 추가 발행하여 환율안정 및 자국의 화폐절하 정책을 펴게 되면 중국으로의 핫머니 유입이 빠른 속도로 진행될 것이며 이는 물가상승을 지나치게 초래해 불가피하게 기준금리를 더욱 인상하게 될 가능성이 크다. 이러한 지속적인 금리인상은 중국의 부동산 시장의 거품을 붕괴되는 결과가 올 수 있다(인터넷, 2011, 10, 26, 박대범). 셋째, 또다시 돈을 풀면 달러의 약세가 심화되어 중국이 보유하고 있는 미국국채나 달러자산의 가치가 그만큼 크게 줄어드는 손실을 보게 된다. 넷째, 달러가 대거 방출되면 세계경제는 결국 스태그플레이션으로 떨어진다. 그 과정을 요약하면 이렇다. 즉, "3차 양적완화 - 인플레이션 - 빈익빈 부익부 - 서민 대중 및 기업들의 구매력 약화 - 경기침체 및 실업자 양산 - 스태그플레이션 - 4차 양적완화."

미국이 또 달러를 찍어내어 국채를 사들이는 것은 미국 정치인들과 유권자들이 모두 가담한 거대한 사기(Sammy Scheme)

이며 이러한 방식으로 돈을 풀어 경제를 부양하려고 하는 것은 우선 물건을 사고 엄청난 계산서를 다음 세대에 돌리는 것이다. 이는 심각한 미국 정부의 거대한 모럴해쪄드(moral hazard)라고 볼 수 있다. 양적완화(quantitative easing)정책은 중앙은행이 돈을 찍어 시중에 직접 공급함으로서 경기를 활성화시키는 통화정책으로서 중앙은행이 국채나 회사채를 사들이는 방식이 대표적이다. 기준금리가 0%까지 접근해 더 이상 금리인하로 경기를 부양하기 힘들 때 사용한다. 이러한 양적 완화는 인플레이션을 유발하는 재산의 강탈행위라고 볼 수 있다(조선일보, 2010, 10, 29).

최근 미국의 신용등급 강등이라는 여파로 유럽의 재정위기가 유발되었고 이제 전 세계의 제2의 글로벌 금융위기의 위험을 낳게 하고 있다. 미국 하원에서 득세한 공화당이 2조 4000억 달러 규모의 재정적자 긴축안을 밀어 붙여서 미국이 이러한 국가신용등급이라는 수모를 겪었다고 평가된다(동아일보, 2011, 10, 18). 그리고 다시 경제위기 및 일자리 뺏기의 결과를 초래할 것으로 예상된다. 추측컨대 국제금융재벌세력들이 암암리에 공화당을 움직여 경제불안 및 금융위기를 조성시키고 또한 민중들의 월가점거 및 분노로 결국 경기부양을 위한 제3차 양적완화정책 실현하게 만드는 방향으로 회귀하게 만드는 명분획득의 전략을 실천하고 있지 않을까 생각이 든다.

중국은 미국의 최대의 채권 국가이기 때문에 이번 미국의 국채신용등급 강등에 의한 가장 큰 피해자라고 할 수 있다. 중국의 통신사들이 매우 거칠게 반응하는 데에는 미국의 더블딥의 상황을 이용한 3차 양적완화의 논의를 견제하기 위한 의도로 분석된다. 미국이 달러를 더 찍어낼 경우 달러의 약세가 심화되어 중국 보유의 국채 가치가 더욱 떨어질 수 밖에 없기 때문이다(한국경제, 2011, 8, 9). 중국이 갖고 있는 미국 국채는 2011년 5월 말 기준으로 1조 6000억 달러 어치이다. 이는 세계에서 가장 많은 채권액이다. 이번 미국의 신용등급 강등의 여파로 미국 국채 가격이 20~30% 정도 하락 하여 최대 3480억 달러(약 380조원)이 사라질 있는 위험에 놓여 있다. 그리고 중국은 이 상황에서 미국의 국채를 파는 것이 쉽지 않다. 이 경우에 미국의 국채 가격이 더욱 떨어지고 이에 따라 손실 규모가 더욱 커질 우려가 있기 때문이다. 더구나 자산의 가치를 보호하기 위하여 오히려 울며 겨자 먹기로 미국 국채를 더 사야할 입장이 될지도 모른다(한국경제, 2010, 8, 9). 중국외환보유액 2010년 말 2조 8473억 달러로 늘어났다. 한 해 동안 4481억 달러 18.7% 더 늘어났다. 재정위기를 겪고 있는 유럽 각국은 중국에 국채 매입을 호소하고 있다. 중국의 세계 공략은 외국기업 M&A, 자원사재기, 첨단무기개발 등에서 전방위적으로 펼쳐지고 있다. 중국은 외환보유액 가운데 70% 가량을 달러 자산으로 보유중이며 이중 36% 가량을 미국 국채에 투자하고 있다. 하지만 달러 값이 떨어지면서 국외 자산가치가 축소된다는 염려도 적지 않다(매일경제, 2011, 1, 14).

미국의 부채는 14조 달러나 되고 2011년도의 재정적자 규모만도 1조 3160억 달러에 이를 것이다. 지금 민간인과 외국인이 보유하고 있는 채권이 GDP의 약 70%를 차지하고 있다(한국경제, 2011, 10, 11). 미국이 2008년부터 통화증발을 통한 달러가치 하락 유도로 금융산업을 지원하고 있는 것도, 제조업 분야의 만성적인 무역수지 적자 문제를 환율전쟁을 통해 해소하기 위한 전략이다. 그러자 제조업 경쟁력이 미국보다 상대적으로 강한 중국과 유럽 국가들이 미국의 통화정책을 비난했다. 달러가치 하락은 자국의 통화가치 강세로 이어져 수출경쟁력을 약화시키기 때문이다. 결국 2010년 이후 세계적으로 확산된 환율전쟁은 비교우위 산업만으로 무역수지 적자 문제를 해소할 수 없는 국가들이 자국의 산업을 보호하기 위해 벌인 무역전쟁의 보완적, 대체적인 성격을 띠고 있다(윤채현, 화폐전쟁 3.0, p.30).

미국은 기축통화인 달러의 발행을 통하여 이 무역경상수지의 적자를 쉽게 메꿀 수 있다. 이 경우도 엄밀히 말하자면 미국정부가 미래의 미국 국민에 대한 조세를 담보로 채권을 발행하여 미국정부와는 독립되어 있으며 초국가적 글로벌금융재벌세력의 영향 하에 있는 FRB가 발행한 달러를 빌려와 공급하는 것이다. 미국정부는 FRB로 부터 빌리는 달러의 원금은 영구히 갚지 않고 이자만 갚아도 되는 교묘한 상호간 합의로 이 FRB와 미국정부는 서로 이해관계를 같이하며 유대를 강화하고 있는 것이다. 만약 미국이 FRB로 부터 빌린 달러로 이자를 계속 갚아 나간다면 미국은 부담 없이 무역경상수지 적자를 공짜 돈으로 언제나 메꿀 수 있는 환경이 된다. 반면에 FRB는 미국으로부터 기축통화인 달러의 통화발행권을 보호받고 또한 세계경제의 인플레이션 희생의 대가로 달러 통화발행에 의한 세계 부의 갈취가 가능하게 되는 것이다(쑹홍빈, 화폐전쟁, 2009). 이는 미국 자체가 모럴 해저드를 범하고 있음이다.

기축통화가 아닌 통화를 사용하고 있는 국가에서 무역수지 적자가 발생하고 이것이 누적되는 경우에는 기축통화인 달러가 부족하게 된다. 이 경우 경제가 마비되고 정부가 국민들에 의하여 전복되는 비극이나 폭동을 피하려면 어떤 방법으로든 기축통화인 달러를 확보하지 않으면 안된다. 이를 위하여 그 국가가 갖고 있는 각종 재화나 자원을 싸게 팔든지 덤핑하는 방법이 있다. 그리고 기업의 전부 혹은 지분을 팔거나 건물 토지를 매각처분하여 달러를 확보하는 방법도 있다. 그리고 해외원조, 차관 및 해외에 국채를 팔아서 빌려오는 방법도 있고 기축통화와 스와프협정을 맺어 그만큼 달러를 쓰는 방법도 있다. 그리고 환율을 높혀 수출을 진작시키고 금리를 인상시켜 국민들에게 소비절약을 유도하게 한다. 이 과정에서 기축통화가 부족한 국가는 경제가 위축되고 통화가치가 크게 하락하게 된다. 이와 같이 기축통화를 갖는 나라와 기축통화가 아닌 나라 사이에는 무역적자에 대한 대처방법이 서로 완연히 다름을 알 수 있다. 달러가 기축통화로서의 지위가 무너지지 않는 한 미국의 경제위기는 언제나 걱정할 일이 없다. 그리고 우리는 유럽, 중국, 일본이 자국의 화폐를 가급적 최대한 기축통화의 성격을 일부나마 갖도록 기를 쓰는 모습도 충분히 쉽게 이해할 수 있다.

3. 유동성 범람

돈을 풀어 경제를 살리는 양적 완화조치가 미국뿐만 아니라 세계 각국에서 잇달아 발표되고 있다. 선진국의 잇단 돈풀기로 후폭풍이 예상된다. 미국은 조만간 약 1조달러 규모의 유동성을 공급할 계획이다. 미국연방준비제도이사회(FRB)의 비냉키 의장은 미국 경기 회복 속도가 실망스러운 정도로 낮고 실업율은 지나치게 높다고 밝혔다. 그리고 디플레이션 및 엔화강세 탈출에 주력중인 일본은 정책금리를 사실상 제로로 인하했다. 이 경우 일본정부가 직접 엔화를 발행하여 사용하지 못하고 누적국채가 매우 방대하여 국가부도의 위험에도 불구하고 계속 국채를 발행하여 금융완화 기조를 유지하는 것을 볼 때 일본의 중앙은행도 혹시 미국이나 영국, 독일처럼 혹시 초국적 국제금융재벌 세력에게 장악된 된 것이 아닌 가 의심이 간다. 그리고 미국과 무제한의 달러 통화스왑을 체결한 것이나 미국의 양적완화정책을 노골적으로 비판하지 않는 일본의 태도는 이를 뒷받침하는 방증이 될 수도 있다. 유럽연합(EU)도 경제가 정상체제로 돌아가도록 하기 위해 2011년 말까지 유동성을 무제한으로 늘이겠다고 의사표시를 하고 있다(매일경제, 2010, 10, 6). 이러한 선진국에 의한 유동성 범람의 초래 가능성은 인플레이션을 쓰나미 처럼 주변국으로 밀어닥치게 하여 특히 신흥국들의 자산 및 통화가치의 급등을 초래할 우려가 있다. 이러한 유동성 범람은 통화전쟁 혹은 환율전쟁을 불러일으키고 있는 것이다.

주로 미국, 중국, 일본, 유럽의 소위 4G의 국가들의 통화전쟁은 주변국들의 가파른 통화가치 상승을 초래하여 수출을 어렵게 만들고 있다. 소위 맞불작전으로 통화가치 유지 혹은 하락을 달성하지 않으면 경제가 경상수지 흑자가 적자로 전환되고 또한 외환위기를 겪을 수도 있는 위험이 있기 때문에 경각심을 갖지 않을 수 없다. 중국은 2011년에 지급준비율과 금리를 9차례나 올리며 물가잡기에 총력을 기울였다. 그러나 그 결과는 실패였다. 2011년 6월 소비자 물가 상승률은 6.4%로 28개월 이래 최고치에 올랐다. 최근 들어 물가로 인한 사회적 집단행동도 나타나는 추세이다(한국경제, 2011, 8, 9). 이런 상황에서 달러의 양적완화정책에 맞불작전으로 위안화를 방출하거나 경기를 부양하기 위한 확대 재정금융정책을 펴는 것은 오히려 더욱 물가상승을 초래하기 때문에 생각하기 어렵다. 우리나라의 경우는 달러 유동성 공급이 계속 증가해도 우리나라의 한화의 화폐발행이 각별히 늘어나서 환율을 높게 유지하기 때문에 다행이다. 그러나 우리나라도 대규모 달러의 국내유입 및 한화의 국내 공급의 증가로 말미암아 인플레이션 우려가 심각해 질 것이다. 중남미 지역의 브라질이나 콜롬비아 멕시코 등의 나라들도 수출을 유지하기 위하여 자국의 화폐가치의 절상을 막는 지속적인 개입을 할 의지를 보이고 있지만 역시 물가상승을 피하기가 어렵게 된다. 결국 화폐발행 및 인플레이션으로 말미암아 주변국들의 자산 가치를 선진국들이 강탈해 가는 꼴이 된 것이다. 아시아의 주변국인 인도네시아, 말레이시아, 태국 등도 물가가 급등하고 있다(매일경제, 2010, 10, 6).

또한 금값도 급등하고 있다. 유럽 재정위기 및 미국의 경기침체로 달러의 가치하락이 예상되는 불안감으로 안전자산으로 꼽히는 금 수요가 강하기 때문이라는 분석이다. 금 사재기 바람이 금값을 끌어올리는 원인으로 거론되고 있다. 유럽 재정위기로 유로화도 믿지 못하니 당연히 금으로 눈을 돌린 것이다. 금은 인플레이션으로 인한 화폐가치 하락에 대비할 수 있게 해줄 뿐만 아니라 화폐와 달리 유형의 가치가 있고 특정 국가의 경제정책에 영향을 받지 않는 장점이 있다. 특히 인도, 중국, 러시아가 금시장의 큰 손이다. 일본의 엔화도 금과 마찬가지로 믿을 만한 안전자산으로 간주됨에 따라 금값 폭등처럼 초(超) 엔고 현상이 나타나고 있다(한국경제, 2010, 6, 19).

중국정부는 2008년 금융위기가 닥치자 경기부양을 위하여 약 4조 위안을 풀었다. 그리고 미국의 양적완화정책 및 제로 금리 때문에 달러가 쓰나미 처럼 중국으로 밀어닥쳐 위안화의 상대적 가치를 크게 상승시켰다. 중국은 이제 외국으로부터 환율의 평가절상의 압력을 피하기 위하여 맞불작전으로 위안화를 대거 발행하여 시중에 방출하는 물 타기를 시도하지 않으면 안 된다. 고환율의 상태를 유지 못하면 중국의 수출도 부진해지고 흑자기조도 무너지기 때문이다. 달러와 위안화의 수급관계로부터 위안화의 풍부한 공급 혹은 달러화의 해외방출만이 현재의 환율을 유지할 수 있기 때문이다. 그러나 문제는 방대한 위안화의 공급은 중국 내부에 고도의 인플레이션을 초래할 우려가 있다. 이미 중국의 부동산 시장은 가파르게 가격 상승의 길을 달려왔다. 이를테면, 베이징, 상하이 등 대도시 집값이 3년 만에 2배 가까이나 폭등해 서민들의 불안과 불만이 고조되었다. 이에 따라 중국 정부는 강력한 전(全) 방위 부동산 억제책을 시행하여 왔다. 그리고 중국 정부는 이러한 초 인플레이션 현상이 빈익빈 부익부의 빈부격차 모순을 증폭시키고 사회적 위화감과 불안감으로 사회의 체제가 망가질 우려가 있기 때문에 부득이 이제는 고금리 정책으로 유동성을 흡수하는 출구전략이 오히려 불가피 하였다. 고환율유지와 인플레이션 방지는 금융정책상 서로 상호 모순되는 정책이므로 중국은 지금 진퇴양난에 빠졌다고도 할 수 있다.

최근에 이르러 중국의 100대 도시의 부동산 가격은 2011년 10월 평균 0.23% 하락했다. 베이징, 상하이, 항저우, 난징 등의 외곽 지역 신규아파트 분양가는 이미 20~30%나 떨어졌다. 전문가들은 중국부동산의 가격이 폭락할 경우 중국경제는 물론 세계경제에도 큰 위협이 될 것으로 우려하고 있다. 중국에서 부동산은 사실상 경제성장의 중요한 성장 동력이 되어왔다. 부동산 및 이와 관련된 산업 비중은 중국 전체 경제의 25%를 차지한다. 따라서 부동산 가격의 하락이 경제성장율 둔화, 은행부실화, 지방정부 세수감소 등을 초래할 것이다. 중국의 부동산 가격의 거품이 폭발할 경우는 세계경제에 미치는 충격이 지대할 것이다(한국경제, 2011, 11, 9).

4. 환율정책 및 유동성 불확실성 제거

글로벌 환율 대전(大戰)이 본격화 되고 있다. 미국 하원은 2010년 9월 29일 세계의 이목이 집중된 한 법안을 384대 79라는 큰 격차로 통과시켰다. 이른바 '공정무역을 위한 환율개혁법안'이다. 이 법안은 중국이 위안화 절상 조치를 취하지 않으면 중국산 수입품에 대하여 보복관세를 부과할 수 있는 권한을 부과하고 있다. 글로벌 화폐전쟁이 보호주의 무역대전으로 번질 수 있는 위험한 법안이지만 일사천리로 통과되었다. 중국은 이 법안 통과에 대하여 즉각 반발했다. 중국의 상무부 야오젠 대변인은 9월 30일 성명을 통해 "미국의 이 법안 채택은 세계적인 자유무역 규정을 위반한 것"이라고 맹비난했다. 그리고 "이는 세계무역기구(WTO)의 규정에 위배되는 것으로 미국의 무역적자가 중국의 위안화 저평가 때문이라고 말할 수 없다"고 말했다(매일경제, 2010, 10, 1). 미국은 기축통화인 달리의 발행 유동성 과잉공급 및 세계 인플레이션 조장을 통한 이권을 고스란히 챙기면서 적반하장으로 그 원인행위로 말미암아 초래된 달러화의 약세의 결과를 그 이후에 자연스러운 자유시장메카니즘에 맡기지 않고 다른 나라의 화폐의 저평가

상태를 무역보복으로 공격하는 조직행동을 취하고 있다. 달러의 가치가 하락할 때 이에 상응하여 자국의 화폐가치를 상승시키지 않을 때 이를 환율조작국으로 규정하고 그 나라의 수입물품에 대하여 보복관세를 물리겠다는 시도인 것이다.

그리고 일본도 정부가 공개적으로 외환시장에 개입하여 더 이상 달러화 대비 엔고현상을 방치하지 않고 있으며 브라질도 미국 달러화의 지나친 약세는 브라질의 경쟁력을 위협하고 있다는 비판을 하였다. 한국, 싱가포르, 태국, 인도네시아 등의 중앙은행들이 자국통화가 달러 대비(對比) 강세로 되는 것을 저지하기 위하여 역시 외환시장 개입에 나서고 있다. 선진, 신흥 및 개도국들이 경쟁적으로 통화가치를 떨어뜨리고 보호무역조치를 강화하는 악순환이 나타나고 있다(매일경제, 2010, 10, 1). 우리나라는 GDP에서 교역의 의존도가 무려 80% 이상이나 차지하기 때문에 이러한 각국의 통화무역의 분쟁은 매우 부담스러운 상황이라고 볼 수 있다. 우리나라도 급격한 한화 가치의 상승을 경계하는 동시에 유동성 함정을 피하기 위한 국제적인 금융안정망 구축에 관심을 갖지 않을 수 없는 사정이 되었다.

그밖에 유동성 과잉 조작 및 흡수 전략에 휘말리지 않은 방책이 시급하다. 2010년 11월 11일 서울 주식시장에서 거래 마감 10분 전부터 도이치증권 서울지점 창구에서 2조 원 가량의 주식매도 주문이 쏟아져 코스피지수가 50포인트 가까이 급락한 이른바 "매물폭탄"사건과 관련해 금융감독원은 도이치증권의 모(母) 회사인 도이치뱅크가 연유된 혐의를 잡고 제재 절차에 착수할 것으로 알려졌다. 도이치뱅크는 도이치증권 서울지점에 대량 주식매도 주문을 내기 전에 주가가 급락할 경우

수익을 얻도록 만들어진 옵션파생상품을 대량으로 사들여 300억~400억 원 가량의 부당이득을 거둔 협의를 받고 있다. 도이치뱅크는 3000조 원 자산을 갖고 있으며 70여 개 국에 1977개 지점과 8만 명이 넘는 직원을 갖고 있는 세계적인 투자은행(IB)이다. 한국거래소의 관계자는 다음에는 2조가 아니라 20조의 매물폭탄이 나올 수도 있다고 하였다(조선일보, 2011, 1, 21). 국제금융의 조직행동적 접근이 얼마나 시장을 잘 교란시켜 얼마나 부당이득을 확실히 챙기는가를 보여 주는 좋은 한 예라고 할 것이다. 미국의 양적완화 조치로 저금리정책과 통화팽창으로 흘러 들어오는 외국자본의 유입을 막기 위한 조치를 잇달아 내놓고 있다. 대표적인 것이 은행세(bank levy)로 영국, 독일, 프랑스 등 유럽 주요국들은 내년에 도입하기로 하였다. 은행세는 금융위기에 대응할 수 있는 재원을 마련하는 동시에 금융회사의 과도한 외자차입을 막기 위한 조치다. 우리나라도 선물환포지션 규제와 외국인채권투자과세, 거시건전성부담이라는 이름의 은행세를 매기기로 하였다(한국경제, 2010, 12, 22). 앞으로 우리나라도 급격한 자본유출입의 대외충격에 따른 원화 값의 급변동을 완화하기 위한 안전장치로 비예금성 외화부채에 대하여 2011년 하반기부터 은행세를 부과하기로 하였다. 우리나라의 이 은행세는 선도적인 시행이므로 전 세계적으로 그 결과에 많은 주목을 받고 있는 셈이다. 우리 정부가 예상하는 연간부담금 징수규모는 GDP대비 0.02%에 불과하다. 정부는 단기(1년 이내, 0.20%), 중기(1년 초과 ~ 3년 이내, 0.10%), 장기(3년 초과, 0.05%)로 나눠 요율을 차등화 하기로 했다(매일경제, 2010, 12, 20).

우리나라의 환율변동이 다른 아시아국가들 보다 2~3배나 높다. 따라서 금융시장이 극과 극을 치닫고 있다. 이는 우리나라의 대외의존도가 미국이나 일본에 비하여 약 4배나 높다. 이와 같이 한국경제가 외부 변수에 너무 취약하기 때문에 주식시장과 외환시장의 변동이 매우 클 수밖에 없을 것이다. 2010년도 말 우리나라의 대외의존도인 GDP대비 수출입액은 102.2%이고 미국은 29%, 일본은 25%이다. 우리나라의 경우 2008년도 말 82.3%보다 훨씬 높아졌다. 그리고 GDP대비 수출비중은 우리나라가 52.4%이고 미국은 12.7%, 일본은 12.6%이다.

1997년 IMF 외환위기를 극복하는 과정에서 서구의 자본을 적극적으로 들여올 필요성 때문에 우리나라의 자본시장이 크게 개방되어 선진국 수준을 앞선다고 볼 수 있다. 가령 미국에서 주식보유기간이 1년 이상일 경우에 자본이득세가 10-20%, 1년 미만인 경우에는 39.6%나 된다. 그러나 우리나라에는 이러한 자본이득세가 없다. 또한 외국인 국내주식시장보유비중은 IMF 발표에 따르면 2010년 말로 GDP대비 한국 32.1%, 미국 14.1%, 일본 13.9%, 독일 19.9%, 프랑스 27.8%로서 선진국 어느 국가보다도 개방화 주준이 못지않다고 볼 수 있다(한국경제, 2011, 10, 4). 제2의 글로벌 금융위기가 닥쳐올 때에 세계의 투자자들이 공포에 사로잡힌 나머지 이성과 논리로는 설명할 수 없는 비합리적 현상이 속출할 수도 있다. 만약 이때 달러가 썰물처럼 빠져나갈 때 아시아 지역에서 한국이 아마도 가장 위기에 처할 가능성이 있음은 논리적으로 수긍이 간다. 2011년 6월 현재 우리나라 외환 보유액은 3122억으로서 GDP의 30%에 이른다. 이는 2008년 9월 제1차 글로벌 금융위기 때 2397억 달러 보다 훨씬 많이 늘었다. 그리고 상환기간 1년 미만의 단기외채도 2008년 9월 1594억 달러인 51.9%에서 2011년

6월 1161억 달러인 37.6%로 많이 낮추었다(한국경제, 2011, 10, 4). 그러나 아직도 단기외채가 1000억 이상이나 존재한다는 것은 지난번 금융위기를 경험했음에도 불구하고 정부 및 우리나라 국민들이 이 국제적 불확실성의 시대에 아직 덜 정신을 차리고 있다고 봐야 할 것이다.

5. 무역수익 통제의 넌센스

미국의 양적 완화정책으로 달러화의 대량 방출로 마치 쓰나미처럼 세계 각국의 경제에 충격을 주고 있다. 주가와 부동산 및 물가상승을 초래하고 그 나라의 통화가치를 절상시키는 결과를 초래하고 있다. 여기에 적절한 대처를 잘못하여 그대로 그 물결에 휩쓸리며 국부 유출의 큰 손실을 본 대표적인 국가가 일본이다. 반면에 중국은 쑹훙빈과 같은 영웅적인 애국자의 노선을 따라 성공적으로 잘 대처하고 있다고 보아진다. 그리고 그의 주장과 접근방법이 옳다는 것을 입증하고 있는 셈이다. 중국은 달러의 남발로 말미암은 환율 인상의 압력을 피하고자 위안화의 방출로 최대한 맞불작전을 시도하였고 이로서 중국의 투자, 소비 및 성장률을 높여 나갔다. 위안화의 평가정상의 압력을 최대한 피해나감으로서 일본과 같은 심각한 경제침체를 당하지 않게 되었다. 글로벌 금융위기 이후 중국의 신규대출 증가액은 22조 위안에 달했다. 2010년 중국의 명목 GDP가 39조 위안임을 감안하면 엄청난 유동성 폭탄이다. 2011년 들어와서 중국은 보다 지속적인 성장을 위하여 긴축정책을 쓰면서 경제의 연착륙을 유도하려고 하고 있다.

중국의 상대적인 달러 대비 위안화의 가치를 높인 원인 제공은 미국이 함부로 달러를 남발하여 방출한 원인이 있음에도 불구하고 적반하장으로 중국으로 하여금 위안화의 평가절상 즉 환율을 인하하지 않는다는 강력한 압력을 넣고 있다. 중국이 여기에 굴복하지 않고 환율을 인하에 인색하여 고환율 혹은 저평가 상태를 계속 유지하자 방대한 중국의 국제무역수지의 흑자가 발생하고 있다. 이러한 국제무역수지 불균형은 당연히 달러를 발행한 나라인 미국이 짊어져야 할 부분이다. 그럼에도 불구하고 달러 화폐발행 만큼의 이익은 그대로 챙기면서 동시에 무역수지도 손실을 보지 않겠다는 미국의 탐욕적 정책을 꿰뚫어보는 보며 대항하는 중국의 정책은 참으로 현명하다. 이와 같은 용기와 확신을 준 것은 중국에 쑹홍빈과 같은 조직행동경제학자들의 공로라고 여겨진다. 불행히도 일본에는 미국의 경제사상에 너무 종속되는 풍조 때문에 이러한 애국적인 거인 경제학자들이 나타나지 않았던 것 같다. 무비판적으로 해외의 유명한 시장결정경제학 이론에만 무조건 덩달아 춤추면 자국의 경제가 어떤 꼴로 망가지게 되는지를 일본의 경우가 잘 말해주고 있다고 생각된다. 우리나라가 반드시 참고해야 할 교훈적 사례이다.

한 동안 중국의 인위적인 위안화 저평가 정책을 둘러싸고 미국과 중국은 격한 공방을 벌여 왔다. 그런데 여기에 미국의 양적완화정책을 오히려 환율조작이라고 비판해 온 브라질이 중국과의 교역에서 중국의 환율의 저평가로 말미암아 계속 큰 적자를 기록하게 되자 태도를 바꾸어 미국의 동맹으로 돌아서는 형국을 나타내고 있다. 저평가된 위안화를 등에 업고 값싼 중국산 공산품이 대거 수입되는 탓에 브라질 제조업자들은 휘청거리게 된 것이다. 브라질은 앞으로 중국이 위안화

가치 절상 속도를 높이고 무역불균형을 시정하도록 미국과 같이 중국을 압박하겠다는 뜻을 표방하고 있다. 브라질은 WTO에 중국의 환율조작을 미국을 대신하여 제소할 움직임을 보이고 있다. 이러한 미국과 브라질의 위안화 절상추진 동맹은 미국이 브라질을 우군으로 끌어들여 더욱 강하게 중국을 압박할 수 있는 전략이 더욱 실효를 거두게 되었다는 의미이다. 이는 미국과 브라질 사이에 정치경제적인 이해관계가 맞아떨어진 결과라고 볼 수 있다(한국경제, 2011, 2,9).

미국은 중국이 환율저평가 문제를 시정하지 않자 무역순익통제의 칼날을 드리대고 있다. GDP 대비 이상의 흑자를 내지 못하도록 가이드라인을 설정하자는 주장인데 문제의 근본 원인을 모르는 사람들은 쉽게 미국의 이러한 정책에 속아서 동조할 우려가 크다. 미국은 각국이 경상수지 흑자 혹은 적자로 2015년까지 GDP 대비 4% 이내로 제한하려는 경상수지목표제를 주장하고 있다(매일경제, 2010, 10, 28). 이는 미국이 달러발행 및 과소비를 다른 국가에게로 책임전가 시키는 행위이다. 경주 재무장관회의에서 '경주선언'은 특히 환율문제와 관련하여 이른바 각국 환율변경을 위한 공동의 기준을 찾는데 있어 새로운 방향성을 제시했다는 점에서 주목을 받는다. 한국이 처음 제안하고 미국이 G20 회원국을 상대로 설득에 나선 이른바 '경상수지목표제'가 그것이다. 이는 세계경제 불균형(imbalance)을 줄이는데 환율이라는 직접적인 수단 대신 경상수지를 목표를 대상으로 삼은 것이다. 예컨대, GDP 대비 흑·적자 규모를 몇 % 범위로 정해 놓으면 과도한 경상수지 흑자국은 통화절상압력에 직면하고 적자국은 합의된 룰에 따라 통화의 가치절하를 시도할 수 있는 것이다. 그러나 경주 재무장관회의에서는 경상수지목표제라는 개념을 세계무대에 선 보이는 수준에서만 마무리 됐다. 일본이나 독일 등 많은 국가가 GDP 대비 구체적인 경상수지 비중(%)를 정하는 데에 반대했기 때문이다. 따라서 추후 예시적인 가이드라인을 마련한다는 수준에서 합의를 이뤘다. 경상수지 불균형의 과다여부를 보여주는 가이드라인이 만들어지면 큰 폭의 경상수지 불균형이 지속될 현실을 IMF가 이를 모니터링 하게 된다. 중국은 경주회의에서 합의된 어떠한 내용에 대해서도 평가를 삼가고 있다(매일경제, 2010, 10,25). 비유적으로 생각건대 이는 '기업이익목표제'를 설정하는 것과 마찬가지로 비현실적인 어처구니없는 억지 발상이 아닐 수 없다. '경상수지목표제'의 입장에서도 아무런 실익이 없는 주장이며 또한 중국이나 일본, 독일 등 수많은 선진국 나라들로 부터도 이해관계가 상반되어 미움을 살 수 있는 주장인 것이다. 미국과 동조하여 중국, 일본과 갈등을 빚을 수 있는 이러한 주장은 동북아시아 지역의 하나의 공동체 구상에도 참물을 끼얹는 행위가 될 수 있다. 뿐만 아니라 전 세계로부터 한국이 미국의 앞잡이가 되어 아부하기 위해 날뛰고 있다는 오해를 살 수 있는 여지가 있다. 이는 경거망동의 바보 같은 외교가 아닐 수 없으며 두 번 다시 이러한 노선을 반복해서는 아니 될 것이다. 생각건대, 기축통화인 달러발행을 일방적으로 진행시키고 또한 인플레이션을 해외로 수출시키면서 해외의 자산을 미국으로 이동시키는 이 과정에서 방파제 역할을 하고 있는 위안화 저평가 상태를 붕괴시키겠다는 전략이고 이것이 통하지 않자 이제는 강제로 자유로운 국제거래가 불가능하게 만들려고 하는 것은 미국의 횡포라고 해석하지 않을 수 없다. 이러한 무역수익통제는 국제자유무역

질서의 위축은 물론 세계경제의 발전의 원동력을 훼손시키는 넌센스가 아닐 수 없다. 그러나 중국은 초국적 세계금융자본의 조종을 당하고 있는 미국 등 서방국가들의 요구에도 흔들리지 않고 글로벌 금융정책을 잘 운영해 오고 있다. 이는 중국의 베스트셀러인 "화폐전쟁1", "화폐전쟁2", "화폐전쟁3"의 저자인 쑹훙빈과 같은 애국자이며 탁월한 인재의 경제사상의 노선을 따라서 중국의 글로벌 금융정책이 잘 시행되고 있기 때문이라고 생각된다. 다만, 정치적으로 지역 간, 계층 간 불평등 구조의 완화, 미국과의 치열한 군사적 대결의 회피, 서구 금융기관 시스템에 대한 의존성 탈피 등의 접근이 보완될 필요는 있다. 우리나라도 쑹훙빈의 사상을 단순히 음모론으로 폄하해 버릴 것이 아니라 지금 중국에서 그의 이론의 타당성이 매우 잘 검증되고 있으니 그의 조직행동경제학적인 논리를 우리 경제에도 활용하는 것이 매우 바람직 할 것이다.

그리고 중국은 아르헨티나, 러시아의 석유회사, 아프리카, 이라크 유전, 호주의 철광석, 모건 스탠리에의 출자, 영국과 호주의 부동산 매입 등에 투자하고 있다. 차이나 마니가 세계의 주요 자산을 모조리 쓸어 담아 나가면서 세계를 공격하고 있다. 이 때 최고사령관은 물론 중국정부이다. 중국정부는 국영기업을 대리로 내세워 M&A를 진두지휘 하는 한편 국부펀드인 중국투자공사(CIC)를 통해 해외부동산, 원자재 그리고 금융기관 등에도 전 방위 투자를 시작했다. 중국은 최근 유럽의 재정위기 상황에서 특히 궁지에 몰린 유럽기업을 골라 담기 쇼핑을 하고 있다. 이러한 M&A 역시 현 상황에서 무역수지 흑자를 줄여나가는 훌륭한 접근이라고 평가된다. 중국 정부가 유럽재정안정기금(EFSF)에 참여해 달라는 유럽의 간절한 구조요청을 외면하는 것과 달리, 막대한 자금을 보유한 중국 기업들은 적극적으로 M&A 기업 쇼핑을 하고 있다. 중국은 미국의 많은 국채를 보유했다가 달러가치의 폭락으로 큰 손길을 본 경험에서 EFSF에서 발행하는 채권의 보유를 삼가는 것은 당연한 판단이라고 볼 수 있다. 그리고 중국의 대유럽 투자가 본격화 된 것은 글로벌 금융위기가 터진 2008년 이후 부터이다. 중구 상무부에 따르면 2008년 8억 7600만 달러에 그쳤던 중국의 유럽에 대한 직접투자(FDI)는 2010년 67억 6000만 달러로 8배 가까이 늘었다. 이 때문에 중국의 전체 FDI에서 유럽이 차지하는 비중도 2008년 1.6%에서 2010년 9.8%로 급증했다. 이 같은 흐름은 "국제적인 유통망과 브랜드를 구축하라"라는 중국정부의 정책 목표와 맞물려 더욱 강화될 전망이다. 중국은 2020년 까지 해외기업 인수에 1조 달러를 쏟아 부을 전망이며 투자의 관심이 당초의 천연자원의 인수에서 점차 선진국의 기술, 브랜드, 유통망으로 옮겨가고 있어 이 중 상당히 유럽으로 갈 것으로 예상된다. 이러한 점에서 중국의 접근은 일본의 무역수지 흑자를 관리하는 소극적인 방식과 매우 비교되는 매우 현명한 방법이라고 할 수 있다. 반면 지금 현금 확보가 매우 급한 유럽은 찬밥, 더운밥 가릴 처지가 아니어서 비판의 여론이 형성되기는 커녕 대체로 중국의 이러한 투자확대도 환영하는 분위기이다. 그러나 유럽기업 사냥에 대한 우려의 목소리도 없지 않다. 중국의 유럽 투자가 단기적으로는 유럽에 이익이 되겠지만 장기적으로는 EU 회원국 간의 협력에 균열을 촉발할 수 있다는 우려나 기술을 빼가려고 기업들을 인수하기 때문에 이러한 투자를 감시 감독할 필요가 있다는 경고를 제기하기도 한다(조선일보, 2011, 11, 8).

5장 유동성 함정 및 부채의 위기

1. 그리스 발(發) 유럽 재정위기

세계 금융시장을 뒤흔드는 PIIGS(포르투칼, 이탈리아, 아일랜드, 그리스, 스페인) 국가들의 재정악화로 비롯된 유럽 발 금융위기가 확산될지 진정될지 초미의 관심이 모아지고 있다. 이 나라들의 증시는 폭락하는 반면 국가부도위험도를 가늠하는 신용부도스와프의 프리미엄은 급등하고 있다. 특히 "그리스 발(發) 유럽 재정위기" 라고 일컬어지는 그리스는 IMF 구제금융 지원을 받을 가능성이 아주 높다. 미국의 월가가 그리스 정부의 부채를 눈에 띄지 않게 늘려 재정위기의 단초를 제공했다고 뉴욕타임즈 등 미국 현지 언론이 2월 15일 보도했다. 골드만삭스와 JP모건체이스 등 월가 은행들이 그리스 정부에 유럽연합(EU)의 감시를 피해 부채를 늘이고 위기를 키우도록 조장했다는 주장이다. 골드만삭스와 JP모건체이스는 초국적 국제금융재벌세력의 조종 하에 있는 미국 FRB의 지배하에 있는 은행임을 유의할 필요가 있다. 그리스가 유로 단일통화권에 가입하기 위하여 골드만삭스와 체결했던 스왑계약은 부채를 숨긴 것이며 현재 그리스를 괴롭히는 또 하나의 족쇄가 되고 있다. 그리스는 2001년 1000억 달러의 달러 및 엔화표시 채권을 발행하는 방법으로 채무를 졌다(매일경제, 2010, 2, 18). 그리스 정부가 이렇게 빌린 자금은 부채로 계상되지 않기 때문에 그리스는 재정적자를 감시하는 EU 규제 당국과 투자자들의 눈을 피해 과도한 지출을 계속할 수 있었다. 독일은 그리스에 대한 지원에 강한 거부감 표시 혹은 유로존에서의 퇴출까지 생각하고 있다. 그리고 EU지도자 정상회의에서는 그리스의 재정위기 극복에 도움을 주겠다는 데 원칙적으로 합의했을 뿐 구체적인 방안으로 제시하지 않았다. 그리스 미래에 대한 낙관과 비관이 엇갈리는 신호를 보내 불안한 심리를 만들고 있다(매일경제, 2010, 2, 16).

필자가 해석컨대, 초국적 국제금융재벌 세력은 그리스로 하여금 가급적 많은 차입금을 쓰고 국가부채를 늘려 세계총금융자본에 더욱 종속시키려는 작전이 시도되었다고 추정한다. 유럽중앙은행(ECB)의 지배권을 장악하고 있는 이 초국적 국제금융재벌 세력은 그리스의 재정위기 상태를 이용하여 ECB의 화폐발행권으로 대규모 유로화를 발행하는 이권을 챙기려고 하고 있다는 가설을 세워본다. 이것이 이 상황에서 초국적 국제금융재벌세력의 조직행동으로 상식적인 관점에서 쉽게 상상이 가는 방향이 된다. EU는 유럽에서의 국제금융재벌세력의 영향력을 심화시키는 역할을 계속하는 과정에 있다고 보아진다. 그리스는 유로존에 통합되면서 사실상 경제주권뿐만 아니라 화폐발행권도 빼앗긴 상황이다. 그리스는 스스로의 국익을 위하여 재정 및 금융정책을 쓰는데 극히 제한되어 있다.

따라서 경제적 위기에서도 자구책을 구할 수 있는 강력한 금융정책 수단이 상실된 것이다. 그리스가 과거의 드라크마를 지금도 사용하고 있다면 화폐의 평가절하를 통해 수출을 늘이고 수입을 줄일 수 있다. 이는 무역적자의 감소와 국내생산, 고용증가로 이어져 실업율 감소와 세수확대의 기반을 마련할 수 있다. 그러나 단일 통화인 유로화에 매여 있는 상황에서 할 수 있는 조치는 고작 정부지출을 줄이고 세금을 높이는 일뿐이다. 참고로 이는 우리나라도 한국, 중국, 일본과 단일통화권으로 만들 때 고려해야 할 사안이라고 할 수 있다.

유로화가 창설된 지 약 10년이 지났다. 회원국의 사정이 모두 다른 데도 불구하고 금리와 환율을 똑같이 쓰는 것은 이치에 맞지 않다고 볼 수 있다. 금융통합을 이렇게 했다면 정치적인 통합도 같이 했어야 했다. 한국이나 미국의 경우는 재정적자가 발생하면 그만큼 시장에서 피드백을 나타낼 수 있다. 하지만 유로존의 회원국, 예를 들어 그리스는 대규모 재정적자가 발생해도 시장에 피드백이 안 된다. 즉, 금리도 환율도 조정을 못하는 것이다. 그만큼 위기의 극복이 어려워진 것이다.

그리스 경제 위기의 원인 중 가장 큰 하나는 너무 후한 연금제도의 모순으로 꼽는다. 그리스 임금대비 연금수령액 비율은 95%로 OECD구가 중에서 제일 높다. 영국 30%, 독일 37%, 프랑스 50%에 비하여 연금이 훨씬 후하다. 연금액 산정의 기준이 되는 근무기간도 다른 유럽 국가들은 전체 근무기간을 적용하지만 그리스는 퇴직 전 5년을 기준으로 한다. 독일 등 다른 유럽 국가들이 그리스에 대한 자금지원을 꺼리는 배경에는 '연금천국'에 대한 거부감이 강하게 깔려있다. 그러나 이러한 연금제도에 대한 개혁이 강한 저항에 부딪혀 가능할 지는 미지수이다. 그리스 위기의 씨앗은 약 30년 전 1981년 군부독재가 끝나고 7년 만에 탄생한 좌파 사회당(PASOK) 정권의 탄생 때부터이다. 이 때 총리였던 파판드레우는 유명한 지시를 내렸다. "국민이 원하는 것은 다 줘라(Give them all)!. 포퓰리즘에 의하여 당대의 국민적 열광적 인기를 모았지만 그 복지의 확대 본능은 무한정의 차입형 복지국가로 나아가게 만드는 관성이 붙게 되었다. 파판드레우 총리의 집권 9년(1980~89) 사이 그리스 국가 부채 비율은 GDP의 28%에서 80%로 부풀었다. 그리고 지금의 경제지표는 오히려 더욱 악화되었다. 그 사이에 실업률은 2~3%에서 12.5%로 증가되었고 또한 경제성장률은 4.6%에서 -4.5%로 하락하였다. 더구나 그간 고용을 창출하기 위하여 공무원을 많이 채용한 결과 공무원 조직이 불필요하게 비대하였고 관료조직화 되었다. 그리고 공무원의 과잉복지는 심각한 수준이다. 그리스 공무원은 오후 2시 30분까지만 업무를 보고 퇴근한다. 그러고도 온갖 수당과 연금혜택을 받는다. 35년 근무한 공무원이 58세에 퇴직할 경우 생애 월급의 96%를 매달 연금으로 받게 된다. 이렇게 비대한 공무원 조직을 먹여 살리려니 국가 재정이 버틸 도리가 없다. 그리고 재정적자는 12%를 상회하고 있다. 그리스 국가 부채는 차입형 복지인 빚잔치 형태의 모델 때문이며 오늘날 그리스 국민의 고통은 복지에는 공짜가 없음을 증명하는 것이다(조선일보, 2011, 11, 4). 그리고 이 막대한 대외부채를 약 20%가 넘는 고금리 상태로 갚아 나갈 능력은 그리스에겐 없다고 할 것이다. 국가부도를 피하기 위하여 일정 수준의 채무 재조정과 이 과정에서의 은행권 손실을 EU에서 또다시 빌려온 구제금융으로 메워주는 것 말고는 달리 대안이 없다. 그리스 국가의 재정부채는 2011년 현재 144.9%에 달한다. 우리나라도 요즘 복지논쟁이 치열하다. 정치인들이 당대의 포퓰리즘에 의하여 후대에 그 빚을 떠넘기는 방식으로 국가가 부채를 크게 증가하는 문제에 대하여 엄격히 제한하고 그 기준을 위반 시에는 책임지는 정치제도를 만드는 것이 필요할 것이다.

그리스 정부가 부도 위기에 처해 있다. 그 부채 규모가 약 3600억 유로 정도이다(한국경제, 2011, 11, 10). 2010년 3월 25일 EU 16개국 정상들은 벨기에 브뤼셀 회담에서 EU는 IMF와 공동으로 그리스를 지원하기로 합의 했다. 이 총규모가 약 200억 유로(20조 4000억원)이 될 것으로 전망했다. IMF가 먼저 1/3을 부담하고 EU가 나머지를 맡을 것이라는 소식이다. 그러나 이 지원금은 당장 그리스에게 빌려주는 것이 아니라 2010년 약 6월까지 만기가 돌아오는 것을 갚지 못하여 채무상환유예인 모라토리움을 선언할 때에 선(先) IMF 후(後)EU에 신청할 수 있는 대기성 자금이다. 그리고 그 조건도 매우 까다로워 EU에서 단 한 나라라도 반대해도 이 차관이 지원되지 않는다. 약 27%를 부담하게 될 독일의 동의가 제일 불확실한 변수가 되고 있다. 그리스가 3달 이내에 갚아야 할 부채는 200억 유로로 추정된다. 6월까지 최소한 그리스가 모라토리움을 선언할 것이 확실시 되어 이것이 한차례 전 세계에 충격을 주는 과정이 불가피하며 비록 가능성은 좀 낮지만 만약 사태가 더 악화되어 독일이 지원을 반대하게 되면 그리스는 국가부도의 최악의 디폴트의 상황으로 치닫게 될 것이다(중앙일보, 2010, 3, 27). 현재 그리스 국가 채권은 거의 거래가 중단된 상태이므로 사실상 디폴트 상태라고 볼 수 있다. 약 1200조원에 달하는 구제금융을 그리스에 지원한다고 해도 이것은 빚을 빚으로서 갚는 일시적인 접근이며 이로서 근원적인 문제해결이 되지 않고 미봉책에 불과할 것이라는 관점이다. 그리스 재무부는 최대 통신사 OTE(정부지분 16%), 전력업체 PPC(51%), 국영은행 헬레니크-포스트 뱅크(34%) 등 알짜 자산을 매각하려고 하고 있다. 이들을 매각하면 당장 21억 유로를 확보할 수 있을 것이다. 여기에 지중해 여행과 해상무역 요충지인 피레에프스와 데살로니키 항만 등의 부동산을 매각하여 350억 유로 이상을 추가로 확보하고 2015년 까지 총 500억유로(약 77조원)의 자금을 마련하겠다는 계획이다(매일경제, 5,25). 그러나, 상황이 예상대로 여의치 않을 경우에는 그리스는 에게 섬을 팔아서라도 빚을 갚으라는 압박에 시달리고 있다(조선일보, 1020, 6,10). 자고로 군사력으로 다른 나라의 영토를 뺏은 것은 언젠가 되돌려 받을 수 있지만 돈으로 판 영토는 되찾지 못하는 것이다.

2011년 10월 27일 EU 정상들이 그리스 구제금융안에 극적으로 합의해 유럽재정위기 해결의 서광이 비치려던 차에 그리스의 현 총리가 구제금융안을 국민투표에 부치겠다는 돌발카드를 들고 나왔기 때문이다. 이 금융구제안에는 국민들이 인내해야 할 긴축재정 및 과다한 과세 및 구조조정 등을 포함하고 있기 때문에 정치적으로 혼자 결정하는 부담을 줄이기 위한 자연스러운 견해라고 보아진다. 이 국민투표는 현 총리에 대한 신임투표, 유로존 잔류여부, 구제금융 제공의 조건인 긴축 및 구조조정 수용 여부를 함께 묻는 의미를 갖는다. 그러나 현재 격앙된 그리스 여론을 감안하면 국민투표에서 이 금융구제안이 부결된 가능성이 적지 않다. 만약 구제금융을 받아들인다면 그 대가로 14년 전 우리나라의 외환위기 때처럼 혹독한 긴축과 구조조정을 감수해야 하기 때문이다. 만약 국민투표에서 부결된다면 곧 그리스 디폴트(채무불이행)로 이어질 수 있고 그 여파로 그리스 채권을 많이 가진 유럽 금융기관, 나아가 이탈리아 스페인 등 다른 남유럽 국가로 위기가 전이 되면서 세계경제에 엄청난 충격을 줄 수 있다. 그리스 국민투표가 부결될 경우의 그 결과는 상상을 초월할 악몽이 될 수 있을 것이다(조선일보, 2011, 11, 4).

그리스가 디폴트 되면 그리스 채권에 570억 달러나 물린 프랑스 은행들도 직격탄을 맞는다. 디폴트 상태는 아니더라도 그리스 2차 구제금융안의 내용대로 그리스 채권에 대한 50% 손실상각 처리의 경우도 엄청난 후폭풍을 가져올 전망이다. 포르투칼, 독일 영국의 은행들도 그리스 채권을 많이 갖고 있어 그 충격이 불가피 하다. 포르투칼 은 241억, 독일은 238억, 영국 147억, 미국 87억, 기타 241억의 규모를 갖고 있다. 만약 프랑스나 여러 유럽 국가들이 그리스 부실채권으로 말미암은 은행 자본을 확충 하느라고 공적자금을 투입하려고 국채발행을 시작하면 이 나라들의 신용등급은 무더기로 급격히 강등당할 수 있다. 이렇게 그리스 위기가 금융의 위기로 확산될 경우 투자자들은 일제히 부채축소 노력인 디레버리징(deleveraging)에 나서면서 시중에 돈이 돌지 않는 신용경색을 초래해 실물경제에까지 영향을 미치는 것이 거의 불가피하다(조선일보, 2011. 11, 4).

2011년 11월 4일 현재 그리스가 가진 외화보유액은 단 13억 달러에 불과하다. 반면에 그리스 총외채는 무려 5000억 달러에 달한다. 즉, 절대 빚을 갚지 못할 형편이다. 이러한 지경에 이르기까지의 그리스 정치 및 경제에 대해서는 그리스 국민 전체의 공동책임임에도 불구하고 그리스 국민들은 자신들은 무죄이며 정치인들에게 탓을 돌리고 있다. 문제는 사실상 그 정치인들이 책임을 질 능력도 문제해결의 입장도 갖지 못한다는 점이다. 그리스가 유로존에서 탈퇴하고 구제금융을 못 받고 또한 긴축 및 구조조정을 하는 것을 거부하는 국민투표의 부결의 결과가 나오면 즉각 1차 구제금융의 마지막 분인 80 유로를 12월 중순까지 받지 못하여 디폴트 상태로 빠질 것이다. 현 정치인에 대한 불만 때문에 국민투표에서 2차 구제금융안에 대한 반대의 확률이 훨씬 더 높다고 예상된다.

그리스 국민들은 아직도 이 디폴트가 초래하는 비참한 결과들을 상상조차 못하는 듯하다. 그리스가 디폴트 되면 그리스 은행에 예금의 대량 인출사태인 뱅크런의 상황이 전망되고 유로존에서 탈퇴해 과거에 쓰던 통화인 드라크마화를 부활시켜 사용할 것이다. 이 경우 약 50대 1로 평가절하 되어 수입물가 급등과 엄청난 인플레션으로 연료와 식료품의 사재기 불가피할 것이다. 현 총리는 우선 급한 구제금융을 받기 위하여 2011년 12월 4일로 예정된 국민투표를 철회한다고 발표하지만 총리의 견해를 무시하고 그리스 국민 전체가 국민투표를 요구할 가능성은 항상 존재하였다. 미래의 그리스 경제가 총리 및 국민들의 조직행동 여하에 상당히 좌우될 운명에 놓여있는 셈이다. 그러나 다행히 현 게오르기오스 파판드레우 총리가 야당과 새 연정을 구성해 제 2차 구제금융안을 비준한 뒤 내년 2월 19일 날 총선을 실시하기로 합의했다. 그리고 유럽 EU가 제안한 2차 구제금융안의 국민투표 회부 소동을 벌였던 현 총리 자신은 퇴임하기로 하였다. 비록 2차 구제금융안에 긴축과 구조조정의 내용이 포함되어 있기는 하나 그리스의 재정위기로 말미암은 디폴트의 화급한 불길을 끌 각종 지원이 확실해진 셈이다. 즉, 그리스를 파탄의 위기에서 구할 커다란 발걸음을 뗀 역사적인 사건이라고 할 것이며 현 총리도 자신의 안전을 위해서라도 더 이상 개인적인 정치적 욕심을 버리고 어렵게 현직에 대한 재신임을 받았음에도 불구하고 모양을 갖추어 현명한 퇴임의 결단을 내린 셈이다. 이에 따라 그리스발 위기는 총리 및 각료 인선, 조만간 있을 2차 구제금융안의 의회승인, 내년 2월 조기총선 절차를 통해 거의 해소될 것으로 전망된다. 여야의 거국내각 구성으로 긴축정책에 대한 국민적 반발도 크게 수그러 들 것으로 예상되며 또한 정치적 통제가 가능할 것이다(동아일보, 2011, 11, 8).

이번 국민투표에 관하여 한번 짚고 넘어가야 할 교훈이 하나 있다. 영국의 파이넨셜타임즈는 사설에서 현 게오르기오스 파판드레우 총리의 이번 무책임한 구제금융안 국민투표 회부 파동을 이렇게 질타했다. 대의정치 하에서 주권자의 뜻을 직접 묻는 국민투표는 직접민주주의 이상을 실현하는 것이지만 지도자가 어떻게 이용하느냐에 따라서 책임전가의 방패막이로 전락할 수 있음을 보여준 사례라는 것이다. 그의 국민투표 제안은 EU 지도자들을 경악시켰고 그리스 EU 탈퇴 가능성과 구제금융 지원의 즉각 단절이 예상되는 조치였다. 더군다나 긴축재정에 항의하는 시위대열에 많은 국민들이 지지하는 형편이어서 사실상 국민투표안이 통과되기는 쉽지 않은 상황이었다. 그러한 점을 명확히 알고 있을 파판드레우 총리가 국민투표라는 도박과 같은 카드를 남용한 것은 국민들에게 긴축 및 구조조정의 고통분담을 요구하는 인기 없는 결정을 어떻게든 회피하겠다는 무책임한 자세의 전형이었다고 평가되는 것이다. 다행히 그가 재신임을 받았지만 퇴임함으로서 극단적인 파국은 면한 셈이다. 이러한 그리스 사례에서 국민투표가 항상 이상적이고 능사가 아니라는 교훈을 우리에게 준다. 진정한 지도자는 당장 국민들로부터 돌팔매를 맞더라도 비전과, 소신, 때로는 자신의 정치적 희생이 필요하고 국민들에게 어려운 결정의 책임전가를 해서는 안 된다는 것을 의미한다. 다수결 보다 더 중요한 것은 진실이다. 사안의 진행과정에 도저히 시간이 없거나 또는 복잡한 분석이 요구되는 문제일수록 더욱 그렇다. 이번 그리스의 사례는 공동체의 파국을 막고 자신도 역사 앞에서 떳떳이 설 수 있는 지도자의 길이 어떤 것인지를 다시 한 번 보여주고 있다. 이러한 지도자는 경우에 따라 흔히 독재로 빠질 우려가 있으므로 이는 민주주의의 역설이라 아니할 수 없을 것이다(동아일보, 2011, 11, 8, 구자룡)

2. 유로존 전체의 금융 상황

유럽재정위기가 흑사병처럼 번지고 있다. 2008년 글로벌 금융위기는 주로 부실 주택담보채권에서 비롯된 반면 유럽재정위기는 부실 국채에서 문제가 잉태되었다고 보고 있다. 이탈리아나 스페인의 국채들의 만기도래 규모가 그리스 보다 훨씬 크고 일자도 급박하다. 만약 이탈리아 스페인 까지 디폴트를 맞는 상황이 오면 자본의 상호 연결고리 때문에 유로존은 더 이상 지탱하지 못하고 파탄을 맞을 가능성이 매우 높다. 따라서 유로존이 공멸한다는 위기의식이 최고조에 달할 때 유럽중앙은행(ECB)이 최후의 소방수로 열광을 받으면서 나서서 대규모 자금을 쏟아 붓는 선택을 할 것이라는 전망이 가능하다. 이는 글로벌 금융위기 때 미국 연방준비은행(FRB)가 취했던 양적완화에 버금가는 대규모 유로화 화폐 찍기가 시작될 수 있다는 것이다. 이 경우는 초국적 국제금융재벌세력이 달러발행권이든 유로화발행권이든 모두 장악한 상황에서 원래 의도한 양적완화정책의 시나리오를 상당히 달성한 셈이 될 것이다. 이 시나리오는 대형 인플레이션을 촉발할 수 있다는 점 때문에 유로존의 맹주인 독일이 강하게 반대했지만 다른 선택의 길이 없을 경우 최후의 카드로 등장하게 될 수 있음은 자명한 일이다.

그리스 위기가 최악의 국면을 벗어나는 듯하자 유럽연합(EU)에 이탈리아라는 더 큰 골칫거리가 등장하고 있다. 이탈리아 중앙은행에 따르면 2011년 4월말 현재 이탈리아 공공부채는 1조 8900억 유로(약 2900조원)으로 GDP의 118.4%에 달하며 미국, 일본에 이어 세계의 3위이다. 비록 그리스 국가부채의 GDP 대비한 비율은 144.9%로서 이탈리아 보다 훨씬 더 높지만(동아일보, 2011, 11,8) 이탈리아 국가부채는 그리스의 규모의 5배에 이르기 때문에 향후 그 여파가 매우 크다고 할 것이다. 이 규모는 PIIGS(포르투칼, 이탈리아, 아일랜드, 그리스, 스페인) 중 나머지 국가들의 부채를 합한 규모보다 더 크기 때문에 유럽 전체의 부도위기도 예견된다. 이탈리아의 실비오 베를루스코니 총리는 유럽연합(EU)에 약속한 경제개혁 조치가 의회에서 통과되면 사퇴하겠다는 뜻을 2011년 11월 8일 밝혔다. 총리는 이 경제개혁안 통과 후 사임키로 한 결정이 국익을 위한 것이며 금융시장의 신뢰를 회복하기 위한 것이라고 말했다. 그는 매우 악조건의 상황에서 더 이상 큰 망신살이 뻗치기 전에 국가를 위한 마지막 현명한 모양세를 갖춘 셈이다.

그리스 발(發) 재정적자 위기가 '메가톤급 잠재 폭탄'인 스페인으로 끝내 번질 것인가. 유럽연합(EU)이 재정적자 위기국으로 분류되는 스페인에 대한 구체적인 구제계획을 내놓을 것이란 전망이 제기 됐다. 7500유로(약 1조 달러) 규모의 유로 재정안정기금의 우선 수혜 대상으로 스페인이 지목되는 상황이다. 스페인은 OECD국가 중 유일하게 올해 마이너스 성장이 예상되고 있으며 지난 1분기 때는 국내총생산인 GDP 0.1% 성장에 그쳤다. 그리고 7월말까지 162억 유로의 대규모 국채 만기가 돌아오는데다, 정부가 추진 중인 긴축 정책의 여파로 경제성장이 둔화되고 21%에 이르는 실업율도 더욱 악화될 조짐이다. 대형은행들이 엄격한 대출기준을 적용하는 틈을 타서 지역을 기반으로 한 저축은행들이 무분별한 대출로 부동산 경기를 인위적으로 부양한 것이 결국 스페인의 위기의 뇌관으로 작용했다. 그리고 총선 직전 마드리드 열차 폭탄 테러 사건으로 191명의 목숨을 잃자 이라크 전쟁을 반대하던 사회당이 어부지리로 정권을 잡았다. 이 사회당 정부는 정권을 잡자마자 정부의 재정규모를 대폭 늘여 정권유지를 위한 세력을 불리는데 주력했다. 그리고 북유럽식 복지시스템을 흉내내며 국민들에 대한 다양한 인기 중심의 지원정책을 내 놓았다. 그러나 국민 부담률이 높은 스웨덴의 모델과는 달리 고복지-저부담 정책 계속 추진한 결과 정부 재정은 극히 악화되었다. 따라서 스페인 정부는 출산수당제도를 폐지하고 연금지급액을 동결시켰다. 그리고 공무원 급여를 5% 깍고 올해부터 4년 동안 500억 유로 규모의 복지예산을 삭감키로 결정했다. 문제는 청년 실업률이 무려 43%에 육박하고 전체 실업율도 21%에 이르는 최악의 상황에서 복지정책 없이는 국민들이 마땅히 생계를 유지할 방법들이 없다는 사실이다. 2010년 6월 8일 복지수당 및 급여의 삭감으로 어려움을 겪는 공무원 및 공기업 직원 약 40만 명이 분노하여 마드리드 등 도심지로 뛰어나와 대규모 반정부 시위를 벌리면서 반발하였다.

그러나 신용평가사 무디스는 최근 스페인 정부가 긴축정책을 제대로 이행하지 않는다면서 국가 신용등급 하향의 경고를 내렸다(매일경제, 2011, 8, 13). 그리고 IMF와 해외투자자들은 스페인 정부에 대해 불경기가 닥쳤을 때 기업들로 하여금 근로자 해고나 급여 삭감이 가능하도록 노동개혁을 빨리 단행하도록 압박하고 있다. 그리고 스페인 정부도 20%나 웃도는 실업률을 낮추려면 고용의 유연성을 높이는 노동개혁이 필요하다는 것을 절감하고 있으나 노동계의 반발로 진퇴양안에 놓여있다(조선일보, 2010, 6, 10). 평소에 2.6%인 스페인의 국채금리가 현행 5.5%에 이르고 있다. 스페인의 경제는 유럽존의 경제의 마지막 교두보인 동시에 만약에 실패하여 무너지면 전세계에 악영향을 미칠 수 있기 때문에 스페인의 국채를 이 기회에 사는 국제공조를 하는 것이 유리하다는 주장도 있다. 스페인 국채매입을 위한 한중일 정책공조에서 이 기회에 한국의 적극적인 리더십을 보이면 장래에 우리나라가 금융위기에 빠지게 될 때 유럽중앙은행과 긴급자금을 위한 스왑협정체결하는데 큰 도움이 될 것이다. 즉 유럽에서 영향력이 매유 큰 스페인과 국제금융상의 품앗이 관계를 맺어두자는 주장이라 할 것이다(매일경제, 2010. 2, 7).

한편 월스트리트저널(WJS)은 유로존 은행들이 PIIGS 정부에 대출해준 규모가 지난해 말 기준으로 2540억 달러에 달한다. 그리고 프랑스 및 독일 은행들의 PIIGS 국가 위험노출 규모는 전체 유로존 은행대출의 61%인 1조 5800억 달러에 이르고 이 중 스페인 국가에만 위험 노출 규모는 7270억 달러로 그 절반에 해당된다(한국경제, 2010, 6, 15). 해외에서 빌려온 자금이 그간 부동산 가격을 크게 밀어 올리고 건설업의 붐과 소비의 거품을 일으켰다. 그러나 갑자기 해외자금의 유입이 줄어들면서 잔뜩 부풀었던 부동산의 거품이 20% 이상이나 빠져나가고 스페인의 경제를 뒷받침 해 온 건설업의 침체와 유로존에서의 최악의 실업률은 마이너스 경제성장과 함께 은행의 부실채권의 증가 및 재정부채 상황을 크게 증가시켰다. 최고 등급을 유지하던 국가신용등급이 하락하고 신용부도스와프(CDS) 프리미엄은 큰 폭으로 뛰어올랐다(한국경제, 2010, 6, 17). 지금 스페인의 경제적 악조건이 우리나라의 현황과 흡사한 점이 많아 타산지석의 교훈으로 삼아야 할 필요성이 있는 대상이다.

EU 긴축재정합의가 진행되고 있다. 유로존(유로화 사용 16개국)이 총 4400억 유로 규모의 재정안정 메카니즘에 최종 합의하고 룩셈부르크에 특수목적법인(SPV)을 설립해 이 메카니즘을 운영하기로 했다. 또 유럽연합(EU) 회원국들은 자국 의회에 예산안을 넘기기 전에 EU 집행위와 다른 회원국에 제출해 사전 점검을 받도록 했다. 이는 긴축재정 및 재정건전성 제고에 큰 기여를 할 것으로 예상된다. 그리고 SPV는 유로존 회원국들의 지급보증 아래 자본시장에서 저리(低利)로 자금을 조달해 국가부도 위기에 처한 국가를 지원하게 된다. 그 대신 지원받는 나라들은 재정지출을 삭감하는 등 강력한 경제구조조정에 나서지 않으면 안 된다(한국경제, 2010, 6, 9). 그러나 이 경우 긴축으로 말미암아 유럽국들의 내수(內需)가 크게 위축하여 세계경제에 불황을 몰고 올 가능성도 있다. 유로존 실업율이 10.3%에 이르고 있다. 이러한 불황을 '유럽의 빚의 저주' 라고도 일컬어진다. 특히 대외의존도가 높은 우리나라는 유로화의 약세와 함께 유럽지역을 중심으로 한 수출에 큰 타격을 받을 것이 불가피하다고 할 것이다.

유로존은 잘못된 조직설계로 어려움을 겪고 있는 셈이다. 재정정책은 통합하지 않은 채 통화정책만 통합한 것이 문제이다. 그리스는 엄청난 재정적자임에도 불구하고 독일과 같은 수준의 금리로 많은 돈을 빌릴 수 있었다. 유럽은 이제 아주 중요한 교차점에 있다. 진정한 재정통합으로 한 단계 더 나아가거나 아니면 유로존이 해체되는 것이다(한국경제, 2011, 11, 1, 후꾸야마 교수 글). 유로존 17개국과 비유로존 6개국으로 구성된 EU 재정통합에 합의하였다. 재정적자는 원칙적으로 3% 이내로 하되 예외적인 상황에서만 3.5%까지 용인하기로 했다. 예외적인 상황은 예상치 못한 급격한 경기침체를 말하는 것이다. 적자가 GDP의 3.5%를 넘으면 자동적으로 다수의 유로존 회원국이 반대하지 않는 선에서 제재키로 합의했다. 다만 영국은 영국의 이익이 보장되지 않는다는 이유로 반대하여 EU 전체를 대상으로 한 재정통합은 불가능하게 되었다(한국경제, 2011, 12, 10).

유럽의 주요국들이 재정적자 감축을 위하여 과감한 긴축정책 카드를 일제히 내놨지만 안팎의 반발도 거세지고 있다. 각국 정부가 공공부문 축소와 복지제도의 개선을 골자로 하는 잇따른 긴축 조치로 순식간에 구조조정 대상으로 몰린 공공부문 노조를 중심으로 노동계와 시민단체들이 대규모 시위로 맞서고 있는 것이다. 유럽정부들은 부채의 누적으로 말미암은 자국의 경제문제를 푸는데 이러한 반정부세력의 조직행동을 유의하지 않을 수 없다. 여기에 아직 경제성장율 여건에 여유가 있는 독일의 급격한 긴축에 대하여 프랑스를 비롯한 기타의 유럽 나라들은 경제성장을 저해하는 큰 위협요인이 될까 우려하여 긴축정책 수위를 둘러산 불협화음이 불거지고 영국은 재정위기 극복을 위한 국제공조에서 유럽 대륙과 이견을 보이고 있다(한국경제, 2010, 6, 10). 재정불량국인 PIIGS(포르투칼, 아일랜드, 이탈리아, 그리스, 스페인)의 국가 국채에 유럽 전역 은행들이 대거 물려있으며 당장 그리스와 이탈리아 채권을 가장 많이 보유한 프랑스가 다음 희생양으로 거론되고 있다. 2010년 2월 18일 월스트리트저널(WCJ)에 따르면 독일과 프랑스 은행은 2009년 9월말 기준 그리스 정부채권, 기업부채, 개인대출 등 그리스 위험노출액이 총 약 1190억 달러에 달하는 것으로 나타났다. 그리고 독일과 프랑스 은행은 이른바 PIIGS에 대한 위험 노출액은 9000억 달러에 달한다. 이 중 약 절반에 이르는 4361억 달러가 스페인에 대하여 노출됐으며 아일랜드 2715억 달러, 그리스에 1190억 달러, 포르투칼에게 828억 달러 순이었다(매일경제, 2010, 2, 19).

재정적자 비율이 높은 벨기에도 위험 군(群)으로 분류된다(한국경제, 2011, 10, 1). 그러나 유럽의 돈줄인 독일에서 독일의회가 2011년 9월 29일 유럽재정안정기금(EFSF)의 확충 안(案)을 통과시켰다. 그리고 IMF도 구제금융을 지원하면서 유럽의 국가 및 금융기관에게는 1990년대 말 외환위기를 거친 한국과 인도네시아 등에 횡포를 부렸던 마치 저승사자처럼 가혹하고 엄격한 구조조정의 처방을 요구하지 않고 관대한 이중 잣대를 적용하고 있다.

그리스 국채에 투자한 유럽의 은행들을 비롯한 민간 채권단의 손실 부담을 기존의 21%에서 50%로 크게 늘였다. 유로존 17개국 정상들과 ECB총재, IMF총재 등이 2011년 10월 21일

벨기에 브뤼셀에서 유럽재정위기 극복을 위한 종합처방전인 공동합의문을 발표했다(한국경제, 2011, 10, 27). 민간은행 등 민간채권단들이 그리스 채권의 50%를 탕감하는데 동의하는 결론을 내렸다. 그리고 그리스가 지원 받게 된 1차 구제금융은 2010년 4월 1100억 유로, 2차 구제금융은 2011년 7월 1090유로이며 이번 공동합의로 추가 3차 구제금융이 1000억 유로 제공된다. 구제금융은 유럽재정안정기금(EFSF)의 보증 하에 유럽중앙은행(ECB)가 직접 재정위기 국가들의 국채를 매입하는 방안과 중국, 브라질 등 신흥국과 민간 투자자들이 자금을 투입하는 식으로 구제금융을 제공하자는 국제통화기금(IMF)의 특수목적기구(SPV)를 통한 지원 등 두 가지 방식이 함께 추진될 가능성이 가장 높다(조선일보, 2011, 10, 24). EFSF는 남유럽국가에서 시작된 재정위기가 다른 나라로 전이되는 것을 방지하기 위해 2010년 5월 EU 회원국들이 설립한 비상기금으로 위기에 빠진 국가들에 IMF처럼 구제금융을 지원하는 역할을 한다. 당초 2500유로의 규모로 설립됐지만 기금 규모가 위기 해결에 부족하다는 지적에 따라 이후 4400유로로 늘어났다(조선일보, 2011, 10, 26).

이번 발표된 공동합의문에서 유럽재정안정기금(EFSF) 보증 규모를 1조 유로 이상으로 확대하기로 하였다. 현재 4400억 규모의 유럽기금은 이미 그리스, 아일랜드, 포르투칼 등으로 지원금이 빠져나가고 2500유로만 남은 상황이다. 유럽재정안정기금 보증규모를 1조 유로로 키우겠다는 구체적인 방안이 마련되지 않았음은 앞으로 유로화의 추가 발행을 암시한다고 본다. 물론 IMF의 유럽기금 참여와 3조 2000억의 외환보유고를 갖고 있는 중국 등의 신흥국 자금의 도움을 생각할 수 있겠지만 이는 결국 미미한 수준에 그칠 것이다. 그리고 이탈리아나 스페인 등 국가부채위기에 시달리는 국가가 새로 채권을 발행할 때 EFSF가 발행금액의 20%에 대해 지급을 보증해 줌으로서 기금의 활용도를 사실상 5배로 늘이는 차입효과 혹은 레버리지 효과를 볼 수도 있겠지만 이것 역시 불확실한 방법이다. 더군다나 유럽의 재정위기가 이탈리아 프랑스 등으로 번질 것이란 우려가 커지면서 유럽재정안정기금이 2~3조의 규모로 확대되어야 한다는 지적도 적지 않다(한국경제, 2011, 11, 3). 따라서 초국적 국제금융재벌세력들이 달러 화폐발행권을 통하여 이권을 챙기듯이 유로화의 화폐발행권을 통하여 똑같은 방식으로 유럽재정위기의 상황을 이용하여 세계의 인플레이션을 대가로 폭리를 취할 가능성이 엿보인다. 초국적 국제금융재벌세력들은 미국과 유로존의 두 곳을 경제적으로 거의 완전 장악하고 있다고 추정되기 때문이다. 그리스의 재정위기는 큰 시나리오에서 보면 달러화 발행과 마찬가지로 유로화를 발행하기 위한 명분제공에 불과할 것이다. 이미 초국적 국제금융재벌세력들은 결국 화폐추가발행에 의한 양적완화 정책이 그 해결책이라는 유일한 답을 이미 알고 있었을 것이다. 이 정도의 추가 유로화의 발행으로 당분간 초국적 국제금융재벌세력들이 만족한다면 미국의 신용강등으로 시작된 유럽재정위기인 제 2의 글로벌 금융위기는 아마도 여기에서 끝날 수도 있을 것이다. 그러나 그들이 돈에 대하여 더 배고프다면 또 다른 위기를 더 터트릴 것이고 더 유로화의 추가발행의 정당성 확보를 위한 새로운 동기를 마련할 것으로 예상된다.

중국의 유럽의 구제금융기금에 참여하는 방안으로는 비록 예상 밖으로 소액의 규모에 그치겠지만 IMF의 SPV에 투자,

유럽민간은행에 투자, 유로존 국채 매입 등이 있다. 중국은 이 중 IMF를 통한 투자를 선호하는 것으로 알려졌다. 아마도 중국의 참가는 큰 수출시장으로서 유럽과의 관계를 강화하고 영향력을 확대하여 미국을 견제하려는 이해관계와 맞아떨어지는 측면이 있다.

유럽의 재정 금융 위기가 프랑스로까지 확산되고 있다. 국가부도 위험을 보여주는 CDS 프리미엄이 사상 최고치로 뛰어올랐고, 국채수익율도 최근 한 달 사이 빠르게 치솟아 일반적으로 위험 기준인 7%를 넘어서고 있다. 특히 높은 부채비율과 유동성위기에 빠진 프랑스 은행들에 대한 지원문제를 해결하지 못할 경우 유럽의 금융위기는 새로운 국면을 맞을 수 있을 것이다. 국채매입액을 포함한 유럽은행권의 그리스 대출규모는 900억 유로이다. 이중에서 프랑스은행들이 400억 유로를 대출해 줬다. 그리스의 디폴트를 막기 위한 구제책으로 민간채권자들의 손실부담을 21%에서 50%로 크게 상향 조정하면서 프랑스가 가장 큰 타격을 입게 되었다(한국경제, 2011, 10, 28). 프랑스의 재정적자는 GDP 대비 8.0%, 스페인 9.3%, 포르투칼 7.3%이고. 프랑스의 정부 누적 부채는 GDP 대비 84.2%로서 스페인과 포르투칼 보다도 높은 수준이다(매일경제, 2010, 12. 22).

영국도 재정적자도 심상치 않다는 사실이 부각되면서 남유럽의 불안 심리가 유럽 전체로 번지는 상황이다. 사이먼 존스전 IMF 수석 이코노미스트는 영국도 그리스나 스페인처럼 '영국이 가까운 장래에 예산을 통제할 수 있고 신뢰감을 줄 수 있다는 점을 금융시장에 납득시키지 못하면 심각한 어려움에 봉착할 것'이라고 강조했다. 영국의 재정적자의 심각성은 영국파운드화의 가치를 하락시키고 있다. 2010년 2월 1일

런던 외환시장에서 한때 파운드 당 1.49달러 대를 기록했으며 이는 지난해 5월 이후 처음이다. 현재 노동당이 추진 중인 재정적자 감축계획이 실패할 경우 파운드화의 약세가 이어질 전망이다. 더군다나 영국 정부가 재정적자를 메우기 위하여 국채를 발행할 경우 파운드화에 대한 투매로 최대 30%까지 평가 절하 될 수도 있다는 경고도 잇따르고 있다. 그리고 영국의 파이낸셜타임스(FT)는 공공부채 등을 감안하면 영국의 재정상황은 그리스만큼 심각하다는 의견을 내 놓고 있다(조선일보, 2010, 3, 3). 그러나 영국은 오래전부터 지금까지 미국과 무제한의 달러와 엔화를 서로 교환하는 상호 통화스왑이 체결되어 있다. 이러한 안전장치 때문에 영국은 미국과 마찬가지로 초국적 국제금융재벌세력이 최악의 경우라도 화폐발행권을 포함한 자신들의 재산 자체인 그 영국 정부를 국가 부도로까지 추락하도록 방치하지는 않을 것으로 예상된다. 그리고 최근 유럽재정위기에 따른 유로화 약세가 지속되면서 러시아의 불안도 커지고 있다. 왜냐하면 유로화가 러시아 외환 보유액의 40% 이상을 차지하고 있기 때문이다(한국경제, 2010, 6, 21).

이번에는 2011 10, 31일 유럽의 국채에 지나치게 투자를 했던 미국의 선물중개회사인 MF글로벌이 파산보호 신청을 했다. 유로존 재정위기가 금융회사의 부도 도미노로 이어질 가능성이 대두 되면서 글로벌 금융시장이 공포에 휩싸이게 되었다. 유로존 위기에 대한 막연한 우려가 아니라 구체적인 현실로 드러난 사건인 셈이다. MF글로벌은 단기자금시장에서 외부자금을 빌려 유럽 재정위기를 틈타 고수익을 노리고 이탈리아, 스페인, 벨기에, 포르투칼, 아일랜드 등 유럽재정위기 국가의 국채를 집중적으로 사들였다. 그리스뿐만 아니라 이탈리아, 스페인에 대한 시장의 불안이 가라앉지 않고 국채금리가 급등, 즉, 국채 값이 하락하자 불안감에 쌓인 투자자들이 자금을 대거 빼가기 시작하여 파산에 이르렀다(동아일보, 2011, 11, 2).

유럽 은행들의 자금난이 심해지고 있다. 그리스를 비롯한 유럽 국채들의 손실상각으로 유럽은행들의 자금구조가 매우 부실해지고 있다는 증거이다. 신용평가사 무디스는 프랑스와 벨기의 합작한 벨기에의 최대 은행인 덱시아의 신용등급을 부정적 관찰 대상에 올렸다. 프랑스와 벨기에 정부는 이 은행에 10년간 900억 유로 규모의 지급보증을 제공키로 했다. JP모건은 독일의 도이치뱅크, 이탈리아의 유니크레이드, 프랑스의 소시에테제네랄 등의 자본이 각각 70억 유로 이상 부족한 상황이라고 지적했다. 2012년까지 유럽판부실자산구제프로그램(TARP)의 도입을 제안하고 있다(매일경제, 2011, 10, 5). 유럽의 재정위기 때문에 유럽은행들의 자본 보강에는 최대 2조 3000억 달러가 필요할 것이라는 분석이 나오고 있다(매일경제, 2011, 10, 8). 유럽은행이 유로화를 발행하는 것도 초국적 국제금융세력이 화폐발행권을 활용하여 세계 인플레이션을 대가로 이권을 취하는 방식은 달러화를 발행하는 것과 마찬가지이다. 이 현상은 유럽과 미국 사이의 국가적인 문제가 아니라 초국적 세계총자본세력의 전략이다. 미국이든 유럽의 국가이든 어쩌면 일본, 스위스까지 모두 이들 총자본세력의 금융 측면에서 대리 행위적 위치에 놓여 있을 뿐이다. 이들 선진국은 바로 이들 자본 세력의 경제식민지화 되어 있다. 이 경우 스태그플레이션은 이렇게 돈을 남발한 인플레이션과 기업과 서민들의 구매력이 반감되는 경기침체의 복합물로서 운명적이다. 그리고 실업률과 불평등구조의 심화현상도 마찬가지이다.

3. 일본의 경제위기와 극복 전략

일본의 경제위기의 가장 큰 원인은 환율 문제를 대처하는데 실패했기 때문이다. 초(超) 엔고의 상태는 일본의 경제를 계속 강타하고 있다. 산업의 공동화 현상도 급속히 나타나고 있다. 그리고 최근 일본의 기술유출의 문제도 중요한 이슈이다. 일본에는 심각한 불경기로 가업 승계가 끊기거나 경영난에 빠져 매물로 나온 중소기업이 부품, 소재 분야에만 7만개나 된다고 한다. 작년에 중국기업이 일본기업을 인수하는데 들인 돈이 285억엔(약 3700억원)에 이르러 2008년도의 4배로 늘었다. 일본에서 중국기업들이 기술만을 빼가는 것이 아니냐는 걱정도 나오고 있다. 우리나라의 작년 기업예금총액이 215조원이나 되는데 우리나라도 기술확보를 위하여 이 자금의 적극적인 활용에 이를 참고해 볼 필요가 있다(조선일보, 2010, 3, 3). 일본이 최근 2년 연속 마이너스 성장을 하면서 국내총생산(GDP) 규모가 19년 전 1991년 수준으로 떨어졌다. 하지만 일본은 명목 GDP가 5조 1000억 달러(475조엔)으로 미국의 약 14조 3000억 달러에 이어 38년 째 세계2의 경제대국의 자리를 간신히 지키고 있다. 일본 1972년 당시 서독을 제치고 경제대국 2위의 지위에 올랐었다. 중국은 2009년 말로 4조 9000억 달러로 3위에 머물렀으나 중국의 올해의 경제성장률이 10%이상으로 예상되는 반면 일본은 1%내외에 머물 것으로 전망되면서 올해 안에 2위와 3위의 역전이 확실시 되고 있다(동아일보, 2010, 2, 16). 그리고 독일은 3조 4000억 달러로 4위이며 프랑스는 2조 7000억 달러로 5위를 마크하고 있다.

일본 정부의 부채에 대한 경고가 필요하다. 지난날 일본이

고속 성장하던 1980년대 국가채무는 GDP 대비 40~50%를 안정적으로 유지했다. 문제는 최근 10년 이상 지속된 디플레이션이다. 경제적으로 제자리걸음을 하는데 재정적자가 증가하면서 국가채무마저 눈덩이처럼 불어났다. 인구고령화로 세금 감소와 연금부담의 증대 그리고 특히 글로벌 금융위기가 재정지출을 부추겼지만 그 외에 설상가상으로 필자의 견해로는 과거의 군국주의 경향이 되살아나 미국에 대한 군사적 종속성을 벗어나고 중국 및 북한의 핵 위협에 대응하기 위한 자위대의 군비확장에 과도한 지출을 했기 때문으로 추측된다. LG 경제연구원에 따르면 1995년 일본의 국가채무는 GDP의 69.5%인 326조 엔에 불과했지만 2008년에는 GDP의 167.6%인 846조 엔으로 늘어났다(매일신문, 2010, 2, 22). 일본의 국가채무가 급증하면서 모든 재산을 다 팔아도 갚지 못하는 수준이 된 것으로 나타났다. 일본은 국채 발행이 대폭 늘어나면서 국가부채 총액이 1년 만에 총 24조 8199억 엔이 증가했다. 이로서 국채와 차입금을 합친 국가 채무는 2009년 말 871조 100억 엔으로 사상 최고치를 기록했고 올해도 대규모 국채발행이 예고된 가운데, 2010년 3월 말 900조 엔, 그 년 말에는 973조엔 등의 수준으로 가파르게 증가추세를 보일 것으로 예상된다. 그리고 2009년 말 일본 중앙 및 지방정부가 보유하고 있는 부채가 현재 1018조 900억 엔으로 나타난 반면, 보유하고 있는 재산 총액은 970조 1000억 엔으로 부채가 약 48조엔 이상이나 초과하였다(매일경제, 2011, 2, 2). 일본 재무성은 2011년 1월 27일 국가 누적채무가 2011년 말에는 1년 동안 총 54조 6036억 엔이 더 늘어나 총 997조 7098억 엔에 이를 것으로 발표했다. 이로서 일본은 GDP대비 국가 누적채무가 약 200%에 달하는 규모가 되며 이는 주요 선진국 가운데 가장 열악한 재정 상황에 직면하게 됐음을 의미한다. 이 GDP대비 누적 국가채무비율은 미국 92%, 이탈리아 118%, 그리스의 136.8%, 아일랜드의 112.7% 보다도 약 2 배나 높은 편이다. 재정적자 비율 역시 10.5%로 11.2%의 스페인과 비슷하고 헝가리의 7.5%를 크게 웃돌아 국가신용등급 강등의 위험까지 있는 점을 염두에 두면 이는 역설에 가까운 현상으로서 매스컴에서는 흔히 '저팬패러독스(Japan Paradox)'라고 부르기도 한다(한국경제, 2010, 6, 9). 그리고 일본 국민들의 채무는 일본 국민 1인당 793만엔(1억원)이 넘고 4인 가족 단위로 약 4억 원의 빚이 있는 셈이다(매일경제, 2011, 1, 28).

OECD 회원국들의 2010년 평균 국가채무 비중이 100%이다. 2011년 1월 27일 S&P가 일본의 국가신용도를 강등했으며 이 때문에 엔화가치가 하락하는 이른바 '일본발 신용위기'가 촉발될 수 있다는 전망들이 잇따르고 있다(매일경제, 2010, 2, 16). 1970~1980년대 부자나라의 대명사였던 일본이 남유럽의 PIIGS(포르투칼, 이탈리아, 그리스, 스페인)처럼 심각한 재정위기에 직면할 수 있다는 경고이다. S&P가 일본의 신용등급을 예고 없이 전격 하향 조정한 것은 일본의 재정상황이 빠른 속도로 악화되고 있음을 반영한다. 그러나 다만 일본은 국채의 90% 이상을 자국에서 보유하고 있는데다 세율이 아주 낮은 편이고 아직 경상수지 흑자 기조가 유지되고 있기 때문에 유럽국가들처럼 CDS 스프레드가 급상승하고 재정위기가 촉발될 가능성은 그리 높지 않다는 분석이다(매일경제, 2011, 1, 28). 그리고 일본의 누적국가채무는 GDP대비 200%를 넘지만 약 1000조엔(2010말 949조엔)에 육박하는 국가 채무를 1400조 엔의 가계자산으로 떠받칠 수 있어 큰 걱정은 안 된다. 더군다나 만약 일본정부가 직접 국채를 발행하지 않고 국민의 동의를 얻어 비상입법 조치를 통하여 엔화를 발행하여 빚을 상쇄시키면 문제해결이 된다. 일본은 오랫동안의 누적해 온 방대한 민간 차원의 해외 자산 때문에 유사시 애국심을 발하면 위기를 얼마든지 극복할 수 있는 유리한 대안이 있다고 할 것이다. 다만 이러한 방안들이 초국적 국재금융재벌세력의 지배하에 있다고 의심이 가는 일본이 이 세력의 동의를 받지 않고 과연 독단적으로 할 수 있을지가 의문이다.

필자의 생각에 일본은 세계 기축통화인 달러발행으로 말미암은 수출흑자규모의 증대, 세계유동성 범람 및 미국의 양적 완화정책에 늦장 대응을 한 탓에 금융전쟁에서 패배한 쓴 맛을 상당히 보고 있다고 본다. 일본 정부가 채권을 발행하여 엔화를 빌려 쓰는 방식이 아니라 어떤 경우라도 일찌기 엔화를 대량 발행하여 달러의 공급에 대한 맞불작전으로 임했어야 했다고 본다. 지금 채권을 발행하여 빌려 쓰는 엔화로 제로금리 등 금융완화 정책을 실시하고 있지만 매우 미온적이고 또한 국가부채누적으로 재정위기를 겪을 우려가 있다. 일본이 엄청난 발상의 전환 및 엔화의 화폐발행권을 일본정부가 직접 장악하는 경제혁명을 하지 않으면 엔고의 고통을 일본이 과연 앞으로 견디어 낼지 의문이다. 다만 일본은 과거에 벌어 놓은 대외자산이 방대함이 지금 일본을 버티게 해주고 있을 뿐이다.

엔화의 초강세 현상이 위기이다. 그리스사태, 헝가리 사태 등 글로벌 경제가 불안해 질 때 마다 일본 엔화가 전 세계의 거의 모든 통화에 비해 초강세를 나타내는 현상을 보이고 있다. 최근 이 기간 동안 미국 달러화에 비하여 유로화 가치는 10% 가량, 영국의 파운드화 가치는 6%정도 하락했지만 엔화의 가치는 오히려 3%가량 상승했다. 1차 글로벌 금융위기 이후에 일본은 미국만큼 경제가 좋지 않다는 평가를 받고 있고 디플레이션의 우려가 있음을 감안할 때 매우 특이한 일이다. 여기에다 재정건전성 측면에서 일본의 국가부채가 미국은 물론 최근 위기를 겪은 남유럽 국가보다 더욱 열악하다. 그러나 일본은 선진국 가운데 경상수지 흑자를 기록 중인 몇 안 되는 국가다. 지난 4월 일본의 경상수지 흑자 규모는 1조 1241억 엔(약 133억 달러)에 이르렀다. 일본의 연간 경상수지 흑자규모는 2007년 24조 8000억 엔, 2008년 16조 4000억 엔, 2009년 13조 3000억 엔을 각각 기록했다. 여기에 1조 달러를 웃도는 외화보유액이 일본의 강점이다. 2010년 4월 현재 일본의 외환보유액은 1조 469억 달러로 2조 4771억 달러인 중국에 이어 세계 2위이다. 더군다나 적게는 2000억 달러 많게는 1조 달러에 이상이라고 추정되는 앤캐리 트레이드 자금이 국제금융시장이 불안할 때 마다 일본 국내로 들어와 보다 안전자산인 엔화를 선호하기 때문에 일본 국내에 달러가 넘쳐나게 되어 엔화의 초강세 현상이 나타나는 것이다(한국경제, 2010, 6, 9). 그리고 일본은 미국과 무제한 달러 통화스왑을 체결한 상태이다. 일본은 초국적 국제금융재벌세력에 종속되어 있다고 의심이 되기 때문에 미국과 마찬가지로 최악의 상황이 도래한다고 해도 이 세력들이 국가부도에 이르도록 방치하지는 않을 것으로 추정된다.

일본 경제의 대응 전략에 관한 필자의 견해는 이렇다. 첫째, 우선 세계의 기축통화인 달러의 발행 및 공급에 상응하여 엔화의 발행도 같은 비율로 증가시킨다. 이로서 일본의 물가가 국제적으로 상대적으로 비싸지는 것을 막고 국제경쟁력을 더욱 확보할 수 있을 것이다. 그리고 이 때 새로이 발행되는 일본의 엔화는 일본국가의 채무로서 일본중앙은행으로부터 빌려오는 형식이 아니라 일본국가가 신규 발행한 엔화 화폐의 총량을 직접 소유하고 이를 일본국가의 채무를 갚는데 사용함으로서 재정건전성을 확보한다. 이 화폐발행권의 직접소유 방법은 일본자체가 과거 메이지유신 시대에 중국과는 달리 서구자본세력을 물리치고 식민지 상태를 물리친 묘책이기도 하다. 일본이 막대한 국가채무를 짊어지고 있지만 이 가운데 외국인에게 지고 있는 빚은 6.2%에 불과하니 엔화 화폐 발행으로 이 문제는 간단히 해결될 수 있다. 화폐발행 및 공급으로 말미암은 인플레이션은 일본의 디플레이션 상쇄 및 경제활성화의 효과도 꾀할 수 있을 것이다. 달러 기축통화의 양적완화 정책으로 야기되는 엔화가치 평가절상의 문제를 엔화화폐 발행으로 맞불을 놓아 상쇄할 수 있을 것이다. 그러나 이는 일본의 중앙은행의 화폐발행권이 아직 전적으로 일본의 정부의 권한 하에 있다고 가정할 때 가능한 것이다. 그러나 지금 이 일본의 화폐발행권의 상당한 부분이 사실상 국제금융재벌세력의 영향 하에 빼앗긴 것이 아닌 가 의문시 된다. 국제적인 동의를 의지 못하면 엔화의 추가발행이 거의 불가능한 모양을 보이기 때문이다.

둘째, 계속되는 무역수지 흑자로 말미암아 국내로 들어오는 지나치게 풍부한 달러를 빨리 해외로 내 보내어야 한다. 수입을 증가시키든지 대규모 해외 투자를 하여 엔화와 달러 사이의 수요공급의 법칙상 엔화보다 달러를 더 필요로 하는 상황을 적극적으로 만들어야 엔화가치의 초강세를 막을 수 있을 것이다. 최근에 적극적으로 해외 유망기업의 M&A는 일본 경제 문제 해결을 위하여 매우 좋은 전략이라고 평가된다. 2011년 2분기를 보면 M&A에 255억 달러를 투자했으며 이는 작년에 4배나 되는 증가이다. 일본 기업들이 초 엔고와 넉넉한 보유현금을 무기로 해외기업 M&A시장에서 큰 손으로 부상하고 있다. 높아진 엔화가치를 활용해 새로운 시장을 확보하거나 시장장악력을 높이기 위한 수단으로 M&A를 활용하고 있는 것이다(매일경제, 2011, 9, 28). 더군다나 이는 국제금융 불안으로 해외에 빠져나갔던 엔화캐리 트레이드 달러 자금이 몰려와 엔화로 바꿀려는 경향을 막기 위해서도 필요한 대응전략이 아닐 수 없다. 지금까지 일본의 경제의 실패의 요점은 아주 간단하다. 대규모 엔화의 발행 및 이 발행된 엔화의 일본 정부 직접 소유의 조치를 못한 점과 경상수지 흑자 및 엔 캐리트레이드 자금, 막대한 외환보유액, 소극적인 수입 및 해외투자로 일본 국내에 넘쳐나는 달러를 해외로 빼내지 못한 점이다. 이 원인이 간단하게 이해되면 그 처방도 매우 용이할 것이다.

4. 우리나라 부채 상황과 극복전략

남유럽 재정위기 및 금융 유동성 위기의 사태가 악화되면 도미노 현상처럼 국제금융시장 전체가 흔들리면서 우리나라에도 그 충격파가 미칠 수 있다. 반복되는 경제위기의 뇌관은 항상 지나친 빚에서 시작한다고 해도 과언이 아니다. 지난 글로벌 금융위기 때에 경기부양을 위하여 각국이 엄청난 재정을 쏟아 부었다. 그러나 저축이 뒷받침되지 않고 정부 채무를 늘여가며 접근하는 경제정책은 모래성에 불과하다. 유동성 함정은 경제의 불확실성과 불안 때문에 가계나 기업들이 미래에 대한 비관적 전망 때문에 소비나 투자를 증가시키지 않게 된다. 유동성함정은 결국 중앙은행의 경기조절기능을 상실하게 한다(조선일보, 2010, 12, 17). 뿐만 아니라 잉여 자금들이 투자할 곳을 도무지 찾지 못하고 방황하는 기현상이 빚어지고 있다. 중국은 유럽의 재정위기와 긴축경제로 말미암아 수출이 크게 타격을 받고 경기침체의 가능성이 예견된다. 그리고 이러한 중국의 경기침체는 바로 우리의 수출의 감소로 이어지며 이는 우리나라의 외환 및 유동성 위기를 초래할 우려도 있다.

대개 부채가 많을 경우에는 유동성 함정으로 인한 심각한 경제 환경의 불확실성에 직면하여 그렇지 않는 경우 보다 더욱 치명적이 된다. 정부는 달러의 유출입을 규제하여 실물경제의 충격을 줄여야 하는 필요성을 절감하게 되었다. 따라서 국내은행과 외국은행 국내은행의 외환거래를 규제하는 “자본유출입 변동 완화방안”을 15일 발표하였다. 급격한 자본유출과 이로 말미암은 환율급등으로 인한 금융위기의 재발 여지를 줄이려는 조치이다. 1997년 IMF외환위기와 2008년 글로벌 금융위기 때에도 국내경제는 별 이상이 없는 데에도 불구하고 국내에 유입된 외국자본이 빠져나갈 수 있다는 우려 때문에 환율이 급등하고 주가가 급락했다. 이와 같이 국제 금융시장이 불안할 때 마다 국내 외환금융 시장은 충격에 빠졌다. 대외의존도가 큰 개방경제인 우리경제의 특성을 감안하면 불가피한 점도 있지만 이를 테면 2007년 71억 달러 흑자였던 자본수지가 그 다음해에는 500달러의 적자로 반전될 정도로 변동폭과 충격이 컸다(동아일보, 2010, 6, 14). 그리고 외환거래를 하는 은행에게 일정율의 세금을 부과하는 "은행세"의 추진도 같은 맥락의 목적을 갖고 있다고 할 것이다. 이는 지금까지 자본자유화 조치와 반대로 가는 정책의 성격을 갖는다.

2011년 정부의 채무는 436조원(중앙정부+지방정부)으로 추정된다. 이는 정부예산의 326조의 141%이고 국내총생산 GDP 1172조원의 35%에 해당된다(한국경제, 2010, 12, 14). 그러나 OECD 기준으로 모든 금융부채를 포함하여 다시 산정하면 GDP 대비 75%를 상회한다. 정부가 공식발표하는 국가직접채무 뿐만 아니라 보증채무, 공기업 부채 같은 광의의 국가부채를 모두 합친 사실상의 국가부채는 2009년 말 기준으로 1637조 원으로 사상 최대이다(동아일보, 2010, 10, 6, 이한구 의원). 2009년 말 공기업 22곳의 총부채는 211조 7000억 원이며 총자산은 350조 5000억 원이다. 자기자본 대비 부채비율은 한해 사이 132%에서 152%로 상승했다. 앞으로 정부 부채 모니터링이 필요하다(한국경제, 2010, 4, 9). 총자산에서 총부채를 뺀 순(純) 부채만 집계하는 것이 더 의의가 있을 것이다. 사실상 총부채 중 결코 상환할 수 없는 부채비율이 얼마인가가 또한 중요하다. 앞으로 복지문제, 연기금적자누적, 통일비용 등을 고려하면 천문학적 수치의 재정적자에 대한 우려가 크지 않을 수 없다(조선일보, 2010, 4, 8).

그리고 소규모 사업자를 포함한 개인금융부채는 2010년 말 현재 937조원으로 2009년에 대비하여 8.9% 늘었다. 이는 2010년 국내총생산(GDP) 1172조 8000억 원의 80%이다. 그리고 가처분소득 대비 가계부채비율은 2006년 134%, 2007년 136%, 2008년 139%, 2009년 143% 등으로 매년 높아지고 있다(한국경제, 2011, 4, 29). 이는 일반 국민들이 부채 때문에 평균적으로 점점 더 가난해지고 있는 증거이며 빈부격차가 점점 심해지는 현상이기도 하다. 그리고 2011년 개인금융부채는 1000조원에 육박할 수도 있다. 이미 개인부문 가처분소득 대비 부채비율은 1.43배로 미국 1.28배, 일본 1.35배, 독일의 0.98배 보다도 높은 수준이다(매일경제, 2010, 12, 22). 지금 인플레이션을 억제하려면 정책금리를 인상하고 유동성을 회수해야 하지만 가계부채가 또 다른 시한폭탄이 될 우려가 있기 때문에 쉽게 실행하지 못하는 상황에 놓여 있다(한국경제, 2011, 1, 12). 앞으로 정부는 가계 대출시 변동금리 보다 고정금리의 대출로 적극 전환토록 유도하고 대출이자와 원금을 동시에 갚는 대출제도로 나가야 한다는 의견이 제시되고 있다. 우리나라 가계 빚이 2011년 6월말 현재로 총 876조 300억 원에 이른다(조선일보, 2011, 10, 4). 매년 이자만 약 50조원을 부담하고 있다. 금융기관부채, 부동산관련 부채, 자동차구매부채, 학자금부채, 상업부채, 개인부채 등이 이 민간 부채에 포함될 것이다. 민간부채로 말미암은 문제의 촉발은 어디서나 일어날 수 있다. 2011년 3월 말 기준으로 전체 가구의 평균 부채액은 5205만원으로 1년 전보다 15.7%나 늘어났고 가구당 평균 자산은 2억 9765만원으로 1년 전보다 7.5% 증가하는데 그쳤다.

그러나 우리나라의 전체 금융자산은 1경(京)을 넘어섰다. 이 중 4717조 2000억원은 금융기관이 갖고 있다. 나머지는 개인이 2053조 6000억 원, 비금융법인 1527조 9000억 원, 정부 794조 9000억 원 , 국외 910조 원이었다. 금융자산 전체로는 총 부채를 훨씬 초과하나 배분의 양극화 현상과 사회적 위기를 나타내는 증거가 되고 있다. 그리고 우리나라는 지하경제의 규모도 고려하여야 한다. 2007년 한국의 지하경제는 GDP의 29%

로 OECD회원국 중 에스토니아, 터키, 멕시코, 그리스에 이어 5위에 이른다. 스위스는 8%, 미국은 10% 정도이다. 2-3년이 지난 지금도 우리나라 지하경제 비중이 GDP의 17-29%에 이른다. 2010년 GDP가 1172억(1조 달러)이므로 지하경제 규모는 200조원~340조원 정도이며 매년 20~30조원의 세금누수현상을 나타내 보인다(매일경제, 2011, 7, 26).

요즘 전 세계 경제는 빚 공포에 억눌려 있다. 글로벌 금융위기의 재발을 막기 위하여 은행세나 글로벌 금융안정망의 방법을 강구하지만 근원적으로 빚을 지지 않는 것이 가장 중요하다. 재정문제가 심각한 국가나 기업 그리고 가계는 부채를 줄이기 위한 구조조정을 가속화 하지 않으면 심각한 유동성 위기에 빠질 수 있다. 빚을 진 곳에 또 빚을 내주어서 이 유동성 위기를 극복한다 해도 이는 어디까지나 일시적인 처방일 뿐 근원적인 대책은 되지 못한다.

글로벌 금융위기는 주택부동산 가격하락으로 서브프라임 모기지 부실사태를 초래했기 때문이며 파생상품으로 대규모 금융 버블 붕괴 현상이 나타난 것이다. 이러한 금융위기는 세계적인 유동성 위기 및 경기침체를 초래하였으며 이 문제 해결을 위하여 각 나라의 정부는 필요한 자금을 주로 국채를 발행하여 충당하였다. 방대한 국가부채의 부담으로 다시 국가 금융시스템의 위기가 다시 찾아오는 경우에 또다시 국채를 추가적으로 발행하기가 어렵게 되어 있다. 다른 나라나 국제은행이나 기구로부터 빚을 내더라도 자국의 국민들이 나중에 세금으로서 갚아야 할 채무가 너무 커진 것이다. 더군다나 실업자가 많은 경우에 개인 빚을 못 갚는 대량의 신용불황이 초래될 수 있기 때문이다. 만약에 다른 나라나 국제은행이나 기구가 돈을 빌려 줄 때에 민간 부채의 구조조정을 전제조건으로 요구할 경우에는 사태는 더욱 악화될 것이다. 국가가 부도가 나든지 아니면 국민들의 조세저항으로 말미암은 폭동에 직면하든지 둘 중에 하나일 것이다. 민간 부분의 부채규모를 줄이는 구조조정을 할 때의 자국의 경기침체 및 저성장을 막기 위하여 이미 국가부채가 많은 정부가 쓸 수 있는 돈에는 한계가 있을 것이다. 확대재정 및 금융정책을 실시하기 위한 추가 정부지출의 능력은 현재의 국가채무 규모 수준, 그 나라가 보유한 유, 무형 자산의 축적, 돈을 벌어들이는 수입원, 경쟁력 있는 산업육성 등에 좌우될 것이다(동아일보, 2010, 2, 10). 전 세계의 고용시장은 계속 침체일로를 걷고 있으므로 민간부문에서의 부채의 규모가 축소되는 가능성이 거의 나타나지 않고 있다. 정부가 국가채무를 줄이기 위하여 세금을 늘일 경우에는 민간부도의 사태가 속출할 것이며 이로서 사회전체의 채권이 근본적으로 거부되거나 거래가 중단되며 또한 각종 채권의 가치가 폭락하는 연쇄 거품 붕괴의 현상에 직면할 것이다. 더군다나 고용시장이 해결되지 못한 상태에서의 섣부른 출구전략은 더욱 민간의 부채의 규모를 증가시키고 우리나라 경제의 전체를 위기에 빠뜨리는 계기를 낳게 할 것이다. 상식적인 선에서의 주장이 되겠지만 평소에 개인, 기업, 국가의 빚을 줄이는 것이 최선의 방책이다. 갑작스러운 특별한 전력이란 언제나 근본적인 문제해결이 못된다.

6장 세계총자본의 형성과 추진전략

1. 제1의 세계 권력인 국제금융재벌세력

앞으로 세계단일정부, 세계단일화폐가 출현할 것이다. 이것은 옳고 그름을 떠나 아무도 거역할 수 없는 운명적인 역사의 흐름, 즉 세계의 역사성(Historicity)이 될 것이다. 국제금융재벌세력은 전 세계의 질서를 자기들에게 유리한 게임의 법칙으로 만들어 놓고 있다. 세계의 질서는 그들이 세계 권력의 정상에 이르기 전(前) 단계에서는 자유경제시장메카니즘을 옹호하였다. 그러나 이들이 세계 권력의 정상에 도달한 다음인 후(後) 단계에서는 오히려 다시 국가권력의 개입과 비대를 조장하는 파쇼체제의 전략을 선택하는 경향을 보인다. 즉, 앞으로 국제금융재벌세력은 새로운 경쟁자를 제거하고 자신들의 이권을 공고히 하고 또한 자동으로 새로운 이익을 효율적으로 거두어들이는 체제를 만들기 위하여 국가권력 및 국가법체제와 경합하는 것이 아니라 오히려 이들을 적극적으로 이용할 것이다. 세계총자본을 형성하는 국제금융재벌세력은 지금 이 세계의 진정한 지배자인 제1의 세계 권력이다. 전 세계의 내정, 외교, 전쟁의 도발 및 승패, 정변, 내전, 권력투쟁, 선거, 경제공황, 혁명, 매스컴, 학계, 금융기관, 대기업 등을 지배하면서 그 뒤에 숨어 있는 이들의 금융파워들의 정책결정 메카니즘 및 그림자 세계정부를 이해하지 못하면 진정한 역사의 역동성과 그 전모를 밝힐 방법이 없을 것이다.

이들의 금융파워들은 원래 세계의 혼란과 비극적 상황을 좋아하거나 초래하는 속성을 지닌다. 어느 나라의 정부가 궁지에 몰릴 때마다 치부할 기회가 오는 것이다. 특별히 저렴한 가격으로 우량 자산을 매입하여 떼돈을 벌 수 있는 기회를 갖기 때문이다. 역사적으로 볼 때 국제금융재벌세력들은 자신들의 세력을 이용하여 민족주의 정서를 한껏 자극한 다음 국가적인 대립과 각 정부의 대규모 군비투자를 부추기고 이들의 잠재적인 갈등과 모순을 더욱 격화시켰다. 이렇게 해서 전쟁이 유발되면 보란 듯이 당당히 나서서 전쟁수행비용 혹은 전쟁배상금 문제를 처리했다. 대규모 자금을 조달해 남보다 뛰어난 능력을 보이기만 한다면 국제금융재벌세력들은 거액의 수수료를 챙길 수 있었다. 자금원천과 신용 유동성이 존재하는 곳이라면 어디든지 국제금융재벌세력들의 그림자를 찾을 수 있었다(화폐전쟁 2, p.80). 그리고 대부분 각 국가의 통치자들은 더욱 더 이들에게 봉사하는 얼굴 마담의 역할로 떨어지게 된다. FRB의 화폐발행권까지 장악한 이들은 충분한 화폐를 발행하여 자금을 확보한 후 전쟁이나 혁명이 일어날 때 극도의 위기에 처한 정부군이나 반군들의 자금부족 상황을 이용하여 매우 높은 이자율로 융자를 해 주고 나서 나중에 정정이 안정된 뒤에 정부에 대한 강한 지배력을 갖게 된다. 2008년 글로벌 금융위기 등의 많은 나라의 부도 위기 배후에도 어김없이 국제금융재벌세력들의 어두운 그림자를 드리워졌었다(남중헌, 글로벌금융위기, 2009). 따라서 우리나라도 앞으로 반드시 국제금융재벌세력, 이들의 탐욕, 첨예한 이전투구, 의지, 미래전략, 특징, 시스템. 조직행동, 메카니즘, 네트워크 등을 철저히 이해하여야 현명한 글로벌 대응전략 혹은 적응전략이 가능할 것이다.

국제금융재벌세력은 통혼, 공동재단설립, 상부상조, 전략제휴, 상호투자, 합작 및 공동투자, 융자, 주요 고객, 서클멤버십, 사업 정보 교환 등의 방법으로 맺어진다. 이러한 국제금융재벌세력의 대부분은 유태계이다. 19세기 이후에 로스차일드(Rothschild)가(家)를 대표로 하는 17개 주요 국제은행 가문이 네델란드, 영국, 프랑스, 독일에서 잇달아 탄생했다. 이어서 러시아를 비롯해 오스트리아, 이탈리아, 미국으로 점점 더 넓게 퍼져 나갔다. 원래 로스차일드가(家)의 집사로 있다가 미국의 급부상을 틈타 빠르게 지금의 세계금융주도 세력이 된 록펠러(Rockeffeller)가와 모건(Mogan)가, 로스차일드가의 대리인이며 함께 비스마르크를 지지했던 독일의 유태계 블라이흐뢰더(Bleichroeder)가, 로스차일드가와 사돈관계를 맺고 블라이흐뢰더가와 돈독한 성업적 연계를 구축한 역시 유태인 오펜하임(Oppenheim)가, 전통 유태계 은행가문 멘델스존가, 그리고 프랑스의 저명한 유태계 은행의 풀드(Fould)가, 에이랑거, 페레르 등도 모두 유태계 혹은 이들과의 연계 세력이다. 마침내 이들은 오늘날에는 지구촌에서 최고의 실질적 권력과 영향력을 행사하는 국제금융 인맥의 핵심을 형성하기에 이르렀다. 이들 금융가문들은 말할 것도 없이 막강한 역량을 가진 이 세상 최고의 극소수 엘리트 집단이다. 따라서 이들의 사고방식이나

행동방식은 인류의 운명에 결정적 영향을 미칠 수밖에 없다. 실제로 이들 가문들은 과거 200여 년 동안 세계무대에서 질풍노도의 행보를 보였다. 그리고 이들 국제금융가문들은 세계 제1의 금융지배 권력을 차지하기 위하여 치열한 싸움을 벌이기도 하였다. 이를 테면, 제 2차 세계대전 중 독일이 유태계 은행가의 자산을 약탈하고 미국 정부가 2009년 스위스 은행에 비밀 계좌 공개를 강력하게 요구한 것은 모두 국제은행가문이 오랫동안 걸쳐 벌인 내전과도 관련이 깊다고 할 수 있다(화폐전쟁2, 2009, p.168) 치열한 생존경쟁을 통하여 살아남은 국제금융 가문을 핵심으로 형성된 서방사회의 방대하고도 복잡한 인맥 네트워크가 인류 역사 발전의 궤적과 현 지구촌 구도의 형성에 엄청난 작용을 했다. 그리고 이들 금융가문은 오늘날도 여전히 국제 금융계에 중요한 영향력을 행사하고 있다(쑹훙빙, 화폐전쟁2, 2009).

국제금융재벌세력은 지금까지 수단과 방법을 가리지 않고 이루어 놓은 충분한 재력과 영향력을 이용하여 이제는 세계의 게임의 법칙을 변화시켜 자신들의 기득권을 공고히 하거나 확대하는데 나선다. 이들은 폐쇄적인 이익을 향유하는 통치엘리트 계층으로서 전 세계의 강력한 채권자 그룹을 형성한다. 이들은 채권이라는 고리로서 사회 각계각층을 단단한 묶는 지배적인 권력을 향유한다. 이 글로벌 채권자 그룹은 전 세계의 정치 경제 사회 등의 게임 법칙의 최종 제정자가 된다. 주요 선진 국가들의 중앙은행 및 화폐발행권도 이들의 수중에 이미 떨어졌고 이들 국가기관과 금융기관 및 기업, 국민들도 이들의 피지배적인 채무자로 전락하였다. 이 글로벌 채권자그룹인 국제금융재벌세력은 세계사를 만들어 나가는 진정한 역사성(historicity)를 결정하며 각 나라의 정책을 좌지우지할 정도의 거의 절대적 위세를 갖고 있다.

이 국제금융재벌세력은 실질적인 세계 최고의 권력에 도달하기 1 차의 전 단계에서는 국가 권력의 간섭과 개입을 막는 자유시장경제체제를 옹호하였으나 이제는 각 국가기관과 법을 거의 마음대로 조정할 수 있는 정상에 올라선 지금부터는 오히려 국가권력과 법체계를 자기들에게 유리하도록 이용하는 2 차의 후 단계로 넘어가게 되었다. 지금 미국과 영국 및 유럽의 주요 선진 국가들은 이미 이 국제금융재벌세력들의 이익을 위하여 봉사하고 활동하는 앞잡이에 불과한 도구적 존재로 전락되었다. 우리는 이 국제금융재벌세력들의 정체와 특징 그들의 막대한 세계적인 영향력 수준을 제대로 평가하지 않으면 실수하기 쉽다. 시장결정경제학의 접근 이외에 조직행동학의 접근이 반드시 요청되는 이유이기도 하다. 이들은 싫든 좋든 아무도 막을 수 없는 이 세상의 유일한 최고 절대 권력자들이기 때문이다. 그리고 예를들어 최근 세계적 부자들 40명이 재산의 약 반을 자선단체에 기부하는 형식의 재단설립은 감세와 기득권의 영구화, 비판자들을 회피하려는 국제금융재벌세력들의 고도의 전술이라는 각도에서 살펴 볼 필요가 있다. 앞으로 이 자선단체가 과연 매년 재단재산의 몇 %를 자선에 사용하는지가 궁금해진다(쑹훙빈, 화폐전쟁2, 2010, pp474, 475)

2. 경제식민지로 전락한 미국 및 서구의 강대국

미국의 정체는 무엇인가? 미국은 어떤 위상에 있으며 미래는 어떻게 전개될 것인가? 미국은 한국이나 일본처럼 단일 민족국가가 아니고 다민족 국가이다. 중국은 다민족 국가이지만 한족(漢族)이 단연 다수를 차지하고 있기 때문에 오히려 민족국가에 가깝다. 미국은 다민족 국가이기 때문에 나라의 특성을 이해할 때에 단일 민족국가와 상당히 달라야 한다. 미국은 마치 주식회사의 속성과 비슷하다. 각 나라, 민족, 세력들의 지분이 있는 국가이다. 미국에 투자한 자본, 구입한 토지나 건물, 인구수, 그밖에 영향력 등의 지분이 결합된 나라이다. 이 지분의 비중에 따라 미국의 방대한 자원처리와 정책을 좌지우지 하게 되는 것이다.

지금 미국의 가장 강력한 지분은 초국적 국제금융재벌세력들이 갖고 있다. 이들은 미국의 중앙은행 FRB를 이미 장악하고 또한 달러발행권도 빼앗았다. 뿐만 아니라 영국의 잉글랜드 은행을 비롯하여 선진국인 독일 , 프랑스, 스페인, 네델란드, 오스트리아 등의 중앙은행들도 모두 마찬가지로 이 국제금융재벌 세력의 수중이 떨어졌다. 이러한 현상을 가르켜 소위 전 세계의 신용혁명 혹은 금융혁명이라고 불러도 무방할 것이다. 필자는 첫째, 신석기시대의 농업혁명, 둘째, 르네상스시대의 산업혁명, 그리고 셋째, 정보통신시대의 신용 혹은 금융혁명의 시대로 세계 경제적인 변혁과정을 이해하고 있다. 미래에는 확실히 초국적 글로벌 금융제국주의 시대가 열릴 것이다.

미국의 중앙은행인 FRB와 그의 화폐발행권은 처음에는 영국의 대표적인 은행가문이며 루터교 계통의 베어링에 의하여 장악되었으나 이후에 새로이 위세가 부상하여 유럽에서 치열한 금융쟁패전을 벌였던 로스차일드 가문으로 교체되었다. 원래 미국의 제1의 은행은 1791년 설립된 미국 최초의 민영중앙은행으로서 베어링 가가 대주주로 참여하고 있었다. 이때 미국 정부는 제1은행의 설립 권리를 민간에게 부여하면서 유효기간을 20년으로 설정했다. 베어링가와 로스차일드가 등의 영국의 은행가문들이 주식의 지분 70%를 차지하고 있었다. 만기가 도래한 1811년 3월 3일 제1은행의 권리가 중단되었다. 그러나 1812년 영국에 대한 미국의 독립전쟁이 발발하고 심각한 미국 재정의 적자상태와 부채로 패전의 그림자가 짙자 이 전쟁은 베어링가에게 다시 한번 기회를 주었다. 미국정부는 1814년 600만 달러의 전쟁 채권을 발행하면서 큰 돈을 벌어들였으며 이 때 다시 한번 미국의 중앙은행이 베어링 등의 영국은행가문에게 의존하고 그 통제 하에 운영되는 정치적 굴복을 선언하게 되었다.

이 전쟁당시 미국은 군수공장이 자금부족으로 가동이 중단되고 식량, 보급품, 의약품 등의 부족으로 병사들이 동요하였으며 병사들에게 임금 지불이 중단되었고 퇴역군인에게도 현금 대신 국채를 발행하여 주어 분노와 원한이 하늘을 찌를 듯하였다. 탈영병이 대량 발생하여도 이를 잡는다는 공고를 낼 돈도 없었고 교도소에 운영자금 부족으로 죄수들을 모두 방면하며, 일부 정부 관리와 군 간부는 부득불 개인적으로 돈을 융통해 쓰는 긴박한 최악의 순간이 도래하였던 것이다. 전쟁은 한없이 돈을 먹어대는 거대한 기계라고 할 수 있다. 그러므로 돈 없이 장기전을 치르는 것은 정말 멍청한 생각이다. 또한 다른 각도에서 보면 돈은 전쟁을 좌지우지하는 주인이다. 돈은 전쟁의 목적인 동시에 전쟁의 수단인 것이다. 국제금융재벌세력들은 이 불후의 진리에 정통하여 전쟁을 사랑할 수밖에 없었고 또한 이들은 전쟁을 통하여 엄청난 이익을 얻고 정부와 그의 정책을 좌지우지하게 되었다. 미국은 국제은행가문들의 압력에 굴복하여 1815년 12월에 두 번째 민영중앙은행인 미국 제2은행의 설립을 허가했다(화폐전쟁2, pp. 118-122).

1815년 로스차일드가는 자신들의 뛰어난 금융정보네트워크를 이용해 나폴레옹 전쟁의 워털루 전투의 결과를 미리 빨리 알아낸 후 영국의 공채를 대거 매각하여 폭락시킨 다음 이를 다시 대대적으로 다시 사들여 큰 폭리를 취하였고 금융계에 크게 그 세력이 부상하였다. 로스차일드가를 중심으로 하는 유태계 금융네트워크는 빠르게 전 세계로 퍼져나갔다. 지역별로 보면 영국의 랑제, 독일의 오펜하임, 멘델스존, 블라이흐뢰더, 바르부르크, 에어랑거, 프랑스의 풀드, 페레르, 하이네, 벨레, 웜스, 스턴 가(家) 등을 꼽을 수 있다(이중 페레르와 하이네는 유태계 이면서도 기독교로 귀의 했다). 또 미국에는 벨몬드, 셀리그먼, 시프, 바르부르크, 리먼, 쿤(Kuhn), 룁(Loeb), 골드만(Goldman) 가 등이 건너가 활약하였다(화폐전쟁2, pp.133-149). 반면에 로스차일드와 숙적으로서 치열한 경쟁을 벌였던 베어링스는 지나친 부동산투자, 금융네트워크의 취약, 아르헨티나 경제의 거품으로 인한 채권가격 폭락, 유동성 위기 등으로 몰락하였다. 베어링스의 은행은 결국 1995년 27세의 젊은 트레이더인 닉 리슨(Nick Leeson)에 의하여 철저하게 망가지는 운명을 맞이했다.

로스차일드가를 중심으로 한 국제금융재벌 세력은 각 주요 나라의 중앙은행에 대한 통제권과 화폐발행권을 빼앗기 위하여 처음의 제 1단계에서는 철저하게 금본위제도를 고수하고 여기에 반대되는 대안적 접근인 은본위제도나 지폐제도를 분쇄하려고 혈안이 되었다. 금융 체널을 봉쇄하면서 부족한 자금을 더욱 부족하게 하면서 궁지에 몰은 후 대안이 없도록 하여 협상을 유리하게 이끈 이 방법이 효과적이었다. 결국, 영국, 미국, 독일, 프랑스 등의 중앙은행과 화폐발행권이 모두 이들의 수중에 넘어 간 것이다. 그러나 이들은 그 다음의 제 2 단계에서는 금본위제도를 버리고 오히려 관리통화제도를 옹호하였다. 기축통화의 공고화와 달러 및 유로화의 무제한의 화폐발행을 통한 화폐발행 이익의 극대화를 초래하기 위한 전략 때문이다. 그리고 제 3 단계로서 이들의 국제금융재벌세력은 틀림없이 아시아 지역의 일본, 중국, 한국의 중앙은행을 넘볼 것이 틀림없다. 중앙은행을 앞에서 언급한 선진국의 중앙은행처럼 통제권과 화폐발행권을 장악하든지 아니면 세계정부, 세계화폐의 개념으로서 아예 이들 아시아 국가들의 중앙은행들의 자체 기능을 무력화 시키는 전략을 취할 가능성이 매우 높다. 이 경우는 바로 경제식민지 시대로 돌입함을 의미한다고 말할 수 있다. 국제금융재벌세력들은 화폐발행권 및 그 금융지배권으로서 경제식민지 나라의 정부와 국민들로부터 인플레이션을 통한 부의 강탈행위를 하고 또한 방대한 채권 및 그 이자에 대한 과중한 세금을 부과하는 것이 불가피하여 결국 온 국민이 극도의 빈곤의 상황으로 몰리게 될 운명에 처하게 만들 것이다. 그리고 제 4 단계는 지배하게 된 각 나라의 중앙은행을 민간은행의 형태로 만들고 또한 각각의 정부 권력으로부터 독립시키려는 주장을 버리고 오히려 그 나라의 법과 정부기관과 철저히 일체로 결합하여 그 정부 권력을 이용하려고 할 것이다.

미국경제는 초국적 국제금융재벌세력의 경제식민지 상태라고 파악하면 모든 문제가 분명해진다. 미국경제의 마지막 희망은 오직 기축통화의 유지 능력에 놓여 있다. 미국이 앞으로도 기축통화의 지위를 유지한다면 미국 경제는 전혀 문제가 없다. 그러나 만약 기축통화 유지능력이 무너지면 미국 경제도 같이 무너질 것이 분명하다. 즉, 미국경제에 앞으로 더블딥이 온다고 하더라도 기축통화가 유지되는 한 전혀 문제가 없을 것이다. 달러 화폐발행 및 그 인플레이션으로 세계의 부를 강탈하여 미국 국민이 나누어 쓰면 그만이고 그 경제는 건재하여 돌아가게 되는 것이다. 따라서 미국의 이 기축통화의 지위가 무너질 위험에 처하게 되면 수단과 방법을 다하여 이를 지키려고 할 것이다. 물론 전쟁까지도 불사할 것이라는 전망이다.

미국의 많은 부채 때문에 혹은 경상수지의 적자 때문에 혹은 불경기 경기침체 때문에 미국경제의 미래에 대하여 간혹 비관적인 견해를 내 놓기도 한다. 그러나 필자는 미국의 달러가 세계에 기축통화로 통용되는 효력이 있는 한 결코 망할 일은 없을 것이라고 본다. 문제가 발생하면 언제든지 달러를 찍어내어 풀면 된다. 인플레이션을 통하여 세계의 부를 강탈하면 될 것이고 이 경우 미국의 국민과 정부는 FRB에 대한 채무의 증가 때문에 더욱 종속될 것이고 FRB의 지배자인 초국적 국제금융재벌세력은 달러발행액 만큼 거의 고스란히 치부하게 되는 것이다.

FRB가 달러 화폐를 발행하여 그 발행된 달러화폐에 소유권을 갖고 미국정부는 채권을 발행하여 주면서 이 달러를 빌려오고 이 달러로서 확대 재정 금융정책을 실시하여 더블딥의 해결 및 경기부양책을 실시하면 되는 것이다. FRB는 이 화폐발행권에 대한 저항을 없애기 위하여 미 정부의 채권 원금에 대해서는 환불을 영구히 요구하지 않고 단지 이자에 대해서만 청구하는 부드러운 방식의 접근을 하는 것이다. 그러나 이 이자액도 많아서 미국민들에게 부담이 되면 미국은 이 이자를 지불하기 위한 국채를 추가 발행하여 달러를 빌려오고 이를 이자로서 상환하면 되는 것이다. 이러한 국제금유재벌세력의 대행기관인 FRB와 미국정부는 세계로부터 부를 강탈한 자원을 두고 서로 나누어 먹는 서로 공생관계를 형성하고 있다.

그런데 이러한 화폐발행과 인플레이션을 통한 세계의 부의 강탈행위는 달러가 기축통화이며 달러를 자산으로 평가하거나 거래하거나 보유하고 있는 경제 영역에 한하여 영향을 미치게 된다. 중국은 미국의 이러한 달러 기축통화의 횡포에 대하여 부분적이나마 제약을 가하는 대안이 되고 있다. 앞으로 무역 및 외환의 결제 수단으로 중국의 위안화를 많이 사용될 것이며 상대적으로 기축통화의 영향력은 그 만큼 줄어들 가능성도 있다.

세계의 달러 화폐의 발행은 비밀주의로 일관되어 있다. 이 비밀을 파헤치려고 잘못 접근하면 죽음에 이를지도 모른다. 이것은 모든 정황으로 본 가설인데, 만약 발행된 화폐가 채권의 형식으로 공적으로 정부나 은행 기업 등 다른 곳으로 흘러간 곳은 공식적으로 장부상 그 채권 내용이 기록으로 남겠지만 더 많은 비중으로 은밀히 발행된 화폐는 중앙은행의 회원이사들 사이의 세력이나 지분에 따라 비공식적으로 아무 서류기록을 남기지 않고 바로 이들에게 배분된 후 이것이 다시 금융기관, 군수산업, 재단, 다국적기업, 주식, 부동산, 채권 등을 매수 지배하는데 사용될 것이다. 이러한 비공식적인 화폐 발행 및 배분 액이 얼마나 될 것인가는 이 세상에 존재하는 모든 달러 화폐의 총액에다가 FRB가 채권을 받고 국내외 정부 및 금융기관 등에게 넘겨준 모든 달러총액을 빼면 그것이 계산될 것이다. 필자의 생각으로는 현행 FRB에 대한 역통제시스템(counter-control system)의 부재 상황으로 미루어 보아서 비공식적인 달러발행액이 공식적인 달러발행액 보다도 훨씬 많을 것으로 예상된다. 그러나 이러한 비공식적인 달러발행액과 그 사용처는 이 세상의 어느 권력자 및 권력기관도 현재 파해 칠 능력을 갖지 못했다고 본다. 초국적 국제금융재벌세력들의 진정한 금융지배의 능력은 기록되지 않고, 조사되거나 비판되지 않으며, 인류의 감사의 대상에서 벗어나 있다. 현재 이러한 화폐발행과 각종 자산의 구입에 대한 자료나 서류를 결코 인류가 파악할 수 없다. 이 은행이 철저히 감사를 받았다는 기록이 없다. 이 세상의 어느 최고 권력도 아마도 이것을 밝힐 능력을 가진 곳은 아무데도 없을 것이다. 이것은 결코 바람직하지 않지만 어쨌든 현실이다. 이러한 국제금융재벌세력은 방적방직, 야금, 광산, 석탄, 해상운수, 철도, 기계제조, 군대, 군수산업 장악, 정치, 학계, 언론, 방송 등을 장악하여 보호막을 만들거나 국채발행대행, 외교, 전쟁, 전쟁공채, 배상금, 혁명, 권력투쟁, 금융체널 등의 모든 분야를 망라하여 강력한 지배영향력을 행사하고 있다. 심지어 각 나라의 정부마저도 부족한 자금을 더욱 부족하게 궁지로 몰고 중앙은행 및 금융기관을 총동원하여 금전적인 압박을 가하면 이 정부도 이들의 국제금융재벌세력에게 무릅을 꿇게 되어 있는 형국이다. 이 국제금융재벌세력은 이미 사실상의 세계정부이며 이들은 사실상의 세계 최고 권력기관이 되고 있다.

FRB의 정체는 과연 무엇일까? 미국 정부는 달러를 발행하고 통제할 권한이 없다. 달러를 찍어내는 건 연방준비은행(FRB)인데 이 FRB는 시티그룹과 JP모건, 체이스은행 등이 대주주인 민간은행이다. 이는 외형적인 것이고 실제로는 초국적 국제금융재벌세력이 이러한 대주주인 은행들을 장악하고 이 대주주의 은행들이 다시 미국의 FRB를 장악한 형태이다. 이는 미국의 독립 이래 달러발행권을 정부로부터 찬탈해 미국을 경제적으로 지배하려 했던 주로 유태계의 영미자본가들의 음모 때문이다. 미국 정부는 돈이 필요하면 FRB에 국민세금을 담보로 하여 대출을 받는다. 또한 더욱 많은 대출을 위하여 아직 태어나지 않은 세대들의 미래의 세금까지도 담보로 제공한다. 그리고 이 FRB로부터 달러를 대출을 받은 다른 은행들도 비슷한 방식의 대출을 일반 국민에게도 남발하여 정부와 국민들이 하나같이 거대한 부채의 거품위에 올라앉게 된 것이 문제의 본질이다. 부채로 이루어져 지탱하는 구매력은 얼마가지 않아 이자를 감당할 수 없을 때까지 만이다. 뒤이어 달러의 거품이 꺼지고 세계경제의 붕괴하는 과정에 미국과 전 세계가 고스란히 걸려든 셈이다.

글로벌 재정위기로 전 세계의 동반침체의 가능성이 높아지면서 세계가 숨를 죽이고 FRB의 결정을 바라보고 있는 실정이다. 이곳에서 결정하는 금리정책과 통화정책은 미국뿐만 아니라 전 세계의 금융시장을 쥐락펴락 하기 때문이다. FRB의 정확한 명칭은 'The Federal Reserve' 혹은 'The Federal Reserve System', 그리고 축약어인 'The Fed'이다. 한국은행(Bank of Korea), 일본은행(Bank of Japan), 영란은행(Bank of England) 처럼 은행(Bank)라는 간판을 달리 않아 은행 같지 않은 은행인 셈이다. 세계 기축통화인 달러를 찍어내는 미국중앙은행인 FRB는 이렇게 명칭부터 다른 것이다. 그리고 FRB는 금리, 통화정책 결정권, 은행감독권과 규제 권한을 갖고 있다. 크게 FRB를 운영하는 이사회(Board of Govenors of the Federal Reserve System)와 금리, 통화정책을 결정하는 기구인 연방공개시장위원회(FOMC), 이를 집행하는 수족인 12개 연방은행(The Federal Bank)으로 구성된다. 이사회는 'The Federal Reserve Board'라고도 한다. 각 지역의 연방은행은 달러를 풀기도 하고 FRB가 결정한 감독과 규제를 집행하는 곳이다. 이사회 멤버는 의장, 부의장을 포함해 7명이다. 모두 상원인준을 거쳐 대통령이 임명한다. 이사들의 임기는 14년이나 의장의 임기는 4년이다. 의장직은 상원인준 여부와 대통령 임명에 따라 사실상 여러번 중임이 가능하다. FOMC의 금리, 통화정책은 이사회 멤버 7명과 12개 연방은행을 대표하는 5명이 결정한다. 지금 버냉키 이사회 의장은 FOMC의 위원장까지 맡고 있다. 부위원장은 뉴욕은행 총재가 항상 맡는 당연직이다. 5명의 위원은 12개 연방은행 총재들이 돌아가며 1년씩 맡는다. 금리와 통화정책은 가능한 합의해서 결정하나 합의가 안된 경우는 과반수로 결정한다. FOMC 이사가 아닌 7개 연방은행 총재들도 FOMC 회의에 참석해 경제동향과 전망에 대한 견해를 제시할 수 있으나 투표권은 없다.

미국은 두 차례에 걸쳐 중앙은행 만들기를 시도하다가 실패한 뒤 1913년 FRB를 출범시켰다. 보수와 진보, 금융업계와 공익이 맞선 끝에 타협을 통해 성사됐기 때문에 FRB는 태생적으로 월가금융인들의 이익과 국민의 공익을 균형 맞춰 절충한 것으로 지적된다. 이런 사실은 적게는 1개, 많게는 5~6개 주를 한 관할 권역으로 묶어 골고루 산재시킨 12개의 연방은행의 소유구조를 보면 잘 드러난다. 주인은 다름 아닌 12개 권역 내 시중은행들이다. 전국 단위 영업허가를 받은 시중은행들인 2009년 6월 현재 1502개와 주정부 영업허가를 받은 시중은행들인 844개가 연방은행의 주주다. 이들 은행은 각자 자본과 이익의 각자 자본과 이익의 최대 6%의 범위 안에서 관할 연방은행의 주식을 소유하고 있다. 연방은행에서 주주권행사를 하거나 이익 추구를 할 순 없지만 법적으로 연간 6%의 배당금을 받도록 보장된다. 따라서 초국적 국제금융재벌세력은 우선 미국 내의 약 2350개의 시중은행의 대다수의 경영지배권을 장악하면 바로 연방은행을 지배하게 되며 자신의 모습은 이 시중은행에 분산되어 감추어져 있으므로 이 세력을 타깃으로 공격하기란 참으로 어렵다. 12개 연방은행 가운데 리틀 FRB로 불리는 뉴욕연방은행 이사진 중에는 JP모건체이스 및 GE의 CEO도 포함됐다. 뉴욕연방은행은 FRB가 국채를 사거나 파는 창구역할을 맡는 등 공개시장조작(open market operation)을 담당해 최대 파워를 자랑한다. 외환시장 관할권도 뉴욕연방은행이 갖고 있다. 티머시 가이트너 재무장관도 이 연방은행의 총재출신이다.

공화당의 내년 대선 주자로 나선 론 폴 하원의원은 2008년 글로벌 금융위기를 사전에 경고하지 못했을 뿐만 아니라 비우량담보대출인 서브프라임모기지 사태를 수수방관한 무능한 FRB를 폐지하자며 '페드의 종언(End the Fed)'라는 책을 내기도 했다. 그는 FRB가 달러를 무분별하게 찍어내 각종 경제거품을 만들었다고 말한다. 월가 금융인들이 참여해 만들어진 FRB는 월가의 이익을 대변한다는 것이다. FOMC 회의에 12개 연방은행 총재들이 참석해 의결권을 행사하는 데다 이 연방은행들은 월가은행을 포함한 시중은행들이 소유하고 있기 때문이다. 공교롭지만 그린스펀 전 총재나 버냉키 총재는 유대계이다. 주로 유태계가 주도하는 초국적 국제금융재벌세력의 위력을 간접적으로 암시하는 현상이 아닐 수 없다(한국경제, 2011, 8, 20, 김홍열 글).

월가 은행가들이 부채를 확실하게 회수하기 위하여 매우 가혹한 IMF조직을 동원하고 헐값에 제3세계의 국가의 자산을 긁어모으고 있다. 이들의 착취방법으로는 화폐발행 및 인플레이션을 통하여 세계 인류의 부를 강제로 탈취해 가는 방법이다. 만약 달러로 평가된 세계의 부의 총액에 해당되는 100%의 추가 달러발행은 물가를 2배로 상승시키면서 그 대신 그 부의 반을 화폐발행권자인 FRB가 소유하게 되는 것이다. 그리고 FRB 위에 군림하고 있는 국제금융재벌세력들은 공식적 비공식적 화폐발행의 소유권을 이용하여 기존의 많은 자산, 기업, 금융 등을 장악하게 된다. 그리고 직접간접으로 각 나라에 유동성을 공급하였다가 긴급회수 하는 전략으로 각 나라의 경제를 궁지로 몰고 각종 자산을 헐값으로 거두어 가는 것이다. 세계의 어느 나라이든 이들의 정부, 은행, 기업, 개인 등 모두 유동성공격을 받으면 언제나 부도의 가능성이 있다. 따라서 외국자금이 우리나라에 들어와 은행 예금, 주식, 채권 등에 대해서도 투자되는 것을 늘 파악하고 철저히 감시할 필요가 있다. 왜냐하면 어느 날 갑자기 반드시 빠져나가기 때문이다. 외국자본의 출입이 용이한 자본자유화의 방향은 언제나 장점과 단점을 같이 갖고 있다.

이미 3차 세계대전이 금융의 모순을 때문에 전개될 것이다. 빈익빈 부익부의 과정이 심화되고 불평등 구조의 양극화는 또다시 좌익의 혁명과 전쟁을 촉발시킬 것이다. 특히 가난과 빚으로 국민들이 참담한 생활을 하며 삶의 희망을 상실한 주변부 혹은 제3세계를 중심으로 불길처럼 번질 가능성이 있다. 엄청난 달러를 자꾸 찍어내고 방출함으로서 금융의 모순이 극한에 다다르고 기축통화인 이 달러의 지위가 흔들리면서 세계경제는 마치 처방전 없는 중환자처럼 마냥 곪아터지고 있다. 미국의 초기 헌법에 명시한 대로 화폐발행권을 정부와 국민에게 되돌려 주어야 문제의 근본적인 해결책이 될 것이다. 그러나 세계의 어느 권력도 달러를 기축통화로 삼고 있는 현대 국제금융시스템의 치명적 결함을 바로 잡아 줄 힘이 부족하며 불행하게도 오직 전 세계인들이 들고 일어나는 글로벌 혁명과 전쟁의 힘만이 이를 바로 잡을 수 있을 것이다.

3. 최근 극동 아시아에의 영향력

요즘 중국이 북한의 남한의 연평도 폭격 및 천안호를 격침시킨 사건과 관련하여 북한과 한 통속이 되어 미국에 대항하고 있는 조짐을 보이고 있다. 중국은 북한과 비공개리 비밀접촉을 하여 그 저의에 대하여 한국을 의심케 하는가 하면 또한 천안호 사건에 대한 진실을 인정하지 않고 또한 북한의 재침을 견제하기 위한 서해에서의 한미군사 훈련을 반대하여 동해로 옮겨가게 하는 등 매우 모난 돌출행동을 하고 있다. 뿐만 아니라 동해에서의 한미합동군사훈련을 대항하여 서해에서의 대규모로 동원된 실탄군사훈련은 미국을 크게 자극하고 있다. 또한 최근에 중국 및 주변 5개국의 영유권 분쟁 해역인 남중국해가 새로운 이슈로 급부상 했다. 그리고 중국은 대규모 항공모함을 건조하고 있다. 힐러리 클리턴 국무장관이 23일 베트남 하노이에서 열린 아세안지역 안보포럼(ARF) 연설에서 "남중국해 주변 국가들의 영유권 분쟁해결이 이 지역의 안보와 외교 이슈에서 이제 중추적인 문제가 됐다. 미국은 아시아 공해상에서의 항해의 자유라는 국가적 이해를 갖고 있으며 남중국해에서의 국제법을 존중한다. 중국도 해양법과 유엔규약을 준수하라"고 반복해 주장했다. 이에 대하여 홍콩의 사우스차이나모닝포스트(SCMP)지는 25일 "미국이 중국의 뒷마당인 중국의 남중국해에 기습공격을 가했다"고 보도했으며 중국 양제츠 외교부장은 "클리튼 사실상 중국에 대한 공격"이라고 대답했다. 더구나 일본 정부마저도 일본의 군사력을 전국균형배치에서 중국과 마주한 오끼나와 등 동중국해 부근으로 집중시키는 수순을 밟고 있다(조선일보, 2010, 7, 27). 즉, 중국은 한·미·일의 3국과 점차 긴장관계로 들어가고 있는 것이다.

중국은 과거에 등소평이 서거하면서 향후 수 십 년간 미국과는 적대관계를 갖지 말라는 유언을 망각하고 있는 듯 하다. 중국이 비록 최근 경제가 갑자기 발전하여 여러 가지 유리한 조건을 갖고 있지만 세계 전체의 국제금융재벌세력과 이들의 지배세력 그리고 이들의 방대한 글로벌 금융네트워크로 철저하게 포위되어 있음을 생각해 볼 때 중국의 세력 및 영향력은 이들을 상대하기에는 아직 너무나 미미하며 이들과 비교하기에는 멀어도 한참 멀었다고 본다. 필자의 생각에 지금 중국이 매우 잘하고 있는 점도 많으나 너무 조급하고 경솔하게 움직이고 있다는 느낌이다. 중국이 오만한 태도를 보이는 동안 이 기회에 한·미·일 3국의 결속은 필연적으로 더욱 강해질 것이며 중국이 주도할 이점이 많은 동북아시아의 한.중.일 FTA 및 경제 공동체의 형성의 가능성과 더 큰 이점은 그만큼 사라지게 되는 우를 또한 범한 것이다.

서방국가에서부터 시작한 국제금융재벌세력에게 경제식민지로 종속되는 상태를 벗어나기 위하여 동북아 지역의 한·중·일 3국의 결속은 매우 중요하다. 기축통화인 달러화 발행 공급의 횡포와 유동성 위기를 초래하는 이들의 사냥꾼과 같은 작전에 대항하기 위한 3국간의 상부상조, 그리고 미국에의 지나친 무역 의존도의 탈피 등을 위하여 경제공동체 및 정치, 문화공동체의 발전으로 향하는 것이 살 길이다. 그러나 지금과 같이 미국과 중국사이의 갈등의 국면은 점차 이러한 동북아 한·중·일의 3국의 경제, 정치, 문화 공동체가 붕괴되어 가는 조짐을 보이고 있다. 이는 또한 중국이 자신들의 분수를 모르는 안타까운 성급한 오판이라고 사료된다. 러시아는 천안호 사건의 원인에 대하여 우리와 다른 조사보고서를 만들었다. 러시아는 옛날부터 미국과의 패권다툼의 오랜 역사 때문에 당연히 원래 미국보다는 중국에 더 가까울 가능성이 많다. 따라서 앞으로는 북·중·러의 3국의 그룹과 한·미·일 3국의 그룹사이에 경합 혹은 갈등을 빚는 상황이 더욱 심화될 것이다.

그러면 이는 결국 극동지역이 서로 결속하여 서구의 국제금융재벌세력에게 대항하지 못하고 각계 격파될 가능성이 매우 높은 상황으로 악화되어 간다는 뜻이다. 그리고 이제는 한국과 일본은 과거의 불미스러운 원한의 역사가 있음에도 불구하고 미국과 함께 북·중·러를 대항하기 위하여 전략상 서로 손을 잡지 않으면 안 되는 모순적 운명에 놓여 있다. 중국을 배제한 환태평양연안동반자협정(TPP, Trans-Pacific Partnership)도 그 중 전략의 하나일 것이다. 그리고 미국과의 악조건의 FTA

체결을 서둔 것도 이러한 맥락에서 이해될 수 있을 것이다. 그러나 극동의 이 모든 나라들은 언젠가 이 분열의 대가를 톡톡히 치르지 않으면 안 될 것이다. 즉, 결국 초국적 국제금융재벌 세력의 그림자, 세계정부의 경제식민지로서 모두가 각개 격파되어 전락되는 운명을 벗어나기가 매우 힘겨운 사정에 놓일 것이다.

어느 나라도 원하지 않고 또한 그렇게 의도하지 않은 이러한 동북아 지역의 분열 상황은 북한의 잘못된 판단으로 비롯되었다고 볼 수 있다. 남북이 화해하고 동질화하여 통일할 기회를 놓친 점과 그동안 남북한 경제적 협력관계를 구축할 수 있는 좋은 기회를 박차고 오히려 금강산 관광객에 대한 총기 살해 사건, 천안호 격침 사건 등으로 위기를 조성한 것이 그 원인이라고 할 수 있다. 더구나 북한의 최근의 한미군사 훈련에 대한 보복 및 성전의 위협은 그야말로 어처구니가 없다. 전쟁은 반드시 거액의 돈이 뒷받침되어야 하는데 지금의 금융마비 상태에서 북한은 극히 단기전 외에는 조금도 오래 버티지 못할 것이다. 아마도 최근의 북한에 대한 미국의 고강도 금융통제를 통한 정밀타격의 방법은 곧 북한이 무릎을 꿇고 미국에 하소연하는 상황을 연출하거나 아니면 중국에게 통치권력을 백지위임하는 방식으로 종속적인 밀착을 할 것이 뻔하다. 북한은 아직 크든 작든 세계금융의 자금줄과 거래의 체널을 봉쇄하는 아픔이 얼마나 큰지를 아직 잘 가늠하지 못하고 있기 때문일 것이다. 미국은 북한의 금융재제와 동시에 이란 이라크의 금융재제를 병행하면서 한국의 동참을 요구하고 있다. 만약 우리가 이란 이라크를 적대시하면 방대한 아랍세력과 등지게 되고 우리나라가 그들의 테러의 대상이 될 수도 있다. 우리나라가 미국과 밀착할 때에 그 대가가 얼마나 큰지를 말해 준다. 어떠한 어려움이 있더라도 한미 군사 공조의 한계를 긋고 아랍권은 절대 건들지 않는 것이 현명할 것이다. 중국도 이란 이라크의 금융 재제의 문제에 국제적 동참을 확실히 거부하고 있다.

지금 미국의 대북 금융제재는 핵무기와 대량살상무기(WMD) 개발에 관여한 의혹이 있는 북한 기업과 관련된 거래선 및 금융기관들의 정보를 미국의 영향 하에 있는 외국 은행에 제공한 뒤 이들과 거래하지 말라는 것이다. 미국이 지금 추적하고 있는 것으로 알려진 북한의 통치자금, 사치품 등과 관련된 불법계좌 100여 개가 거래금지 대상이 될 것으로 보인다. 북한과 거래하는 은행은 미국금융 시스템에서 배제당하는 불이익을 감수해야 하기 때문에 은행 스스로 북한의 불법 계좌 거래를 끊을 수밖에는 없을 것이다. 북한은 자기들이 거래하는 스위스와 일본 내의 은행들과의 거래가 끊기면 국제금융시스템을 이용하지 않는 중국 내의 소규모 은행으로 계좌를 옮길 것이다. 그러나 제 3 국에서 중국은행을 거쳐 북한으로 송금하더라도 국제금융시스템 상 반드시 미국 관련 금융시스템은 거쳐야 하기 때문에 북한은 그 제재가 단행되기도 전에 제 3국에서 현금을 인출해 중국 내의 은행에 다시 예치할 가능성이 높다. 그러나 국제금융시스템의 감시망에 놓여 있는 대규모 중국 내 은행들도 결국 북한의 자산 동결 및 신규계좌 개설 금지 등 금융제재에 결국 참여할 것이다. 유럽도 북한의 천암함 사건을 일으키지 않았더라면 북한 재제에 반대 했겠지만 이제는 그럴 수 없는 상황이 조성되었다고 볼 수 있다. 그야말로 이번 천안호 사건은 북한이 스스로 무덤을 판 것이나 마찬가지이다(동아일보, 2010, 7, 27). 미국은 결코 미국 단독만으로 바라보아서는 안 된다. 미국은 초국적 국제금융재발세력을 위하여 가장 우두머리 앞잡이 노릇을 하는 이들의 괴뢰 국가임을 보지 못하기 때문이다. 즉 미국 그 뒤의 더 큰 초국적 국제금융재벌세력의 그림자 같은 강대한 세계왕국의 권력을 중국이나 북한이 잘 보지 못하고 있기 때문이다. 뿐만 아니라 중국의 거대한 국가마저도 이들이 국제금융 채널을 포위하여 막아 버리면 역시 어쩔 수 없는 상황임은 자명할 것이다.

북한은 이전부터 경제정책의 실패도 거듭하여 왔다. 한국의 노동집약 산업이 임금 상승으로 경쟁력 잃고 중국, 베트남, 인도네시아, 필리핀, 인도 등의 해외로 대거 탈출할 때 지형적으로 가까운 북한이 개방체제로 변화하여 이들을 그대로 받아들였다면 지금쯤 매우 경제가 매우 비약적으로 발전했을 것이다. 그리고 한국의 기술과 자본 북한의 노동력을 상호 결합하는 합작투자의 좋은 기회도 이미 실기(失機)하였다. 그리고 중국과 러시아 한국, 일본의 방대한 천연자원, 농산물, 및 제품들의 교류를 육상으로 상호 연결하는 가스관, 철도 및 도로를 건설하여 막대한 수수료 및 통행료를 고스란히 챙기지 못한 것도 매우 현명치 못한 실수 이다.

우리나라는 미국으로부터 큰 무역의존도가 점차 중국으로 옮겨져 왔다. 뿐만 아니라 중국에 투자 설립한 기업들도 매우 많다. 따라서 중국과의 정치, 외교 군사적인 갈등의 심화는 앞으로 우리 경제에 엄청난 타격을 갖고 올 것이 분명하다. 중국과의 경제관계가 단절된다는 것을 전제로 충격을 극소화하기 위한 한 다른 대안을 미리 충분히 강구하지 않은 한 어느 날 갑작스러운 동북아 국제정세의 변동이나 무력충돌에 의하여 우리나라의 경제가 갑자기 붕괴될 우려가 없지 않다. 벌써 유럽의 재정위기로 중국의 수출 감소 및 경기침체가 바로 우리나라 경제의 타격으로 이어질 정도로 중국과 밀접한 관계가 되어 있다. 지금 이란이나 이라크에 대한 미국의 금융제재에 중동과의 새로운 반목을 무릅쓰고라도 동참하지 않을 수 없는 난감한 처지는 이미 이러한 분열구도 속에서 한국이 미국에 깊이 종속되어 가는 조짐이라고 말할 수 있다. 한.미.일 3국과 북·중·러 3국 사이의 정치적 군사적 긴장관계가 깊어지면서 한반도 및 그 주변에 지금 위기의 어두운 그림자가 다가오고 있는 것을 반드시 감지할 필요가 있다. 한반도가 이 양대 세력의 각축장, 즉, 대리전의 전쟁터로 모든 것이 파괴될 위험성이 상당히 크다고 할 것이다.

4. 분노의 저항

9월 17일은 미국의 분노의 날이라고 일컬어진다. 미국 판 재스민 혁명의 성격을 지니며 SNS(Social Network Service)의 방법에 의한 영향이 크다. 마치 아랍지역의 봄이라고 평하는 정치적 혁명을 연상케 하기도 한다(동아 2011, 10, 7). 미국 뉴욕의 월가 시위에 미국의 노조 및 시민단체, 그리고 중산층이 가세하여 미국 젊은이들의 분노가 더욱 확대될 전망이며 전 세계로 번져나가고 있다. 현 미국의 금융자본은 GDP 대비 1980년에 498%에서 2010년 1036%로 크게 증가하였다. 그리고 미국 빈곤층 비율을 보면 4인 가족 기준 소득이 연 2만 2314달러(약 2652만원) 이하인 빈곤층이 전체미국 가정의 15.1%에 이른다(조선일보, 2011, 11, 6).

월가시위 혹은 시카고 시위가 4 주째나 접어들었다. 주요 요구조건은 월가를 점령하라(Occupy the Wall Street!), 부자감세 철폐, 월가범죄자들의 처벌, 증권거래위원회 감독기능강화 등이다. 그러나 당초에 월가의 금융자본 탐욕을 겨냥하던 시위대의 분노에 찬 목소리는 점점 자본주의 전체에 대한 공격으로 점점 옮겨 붙는 조짐이며 전 세계로 시위가 확산되고 있다(한국경제, 2011, 10, 12). 빈익빈 부익부에 의한 부의 집중 및 불평등구조의 심화와 심각한 빈부격차의 양극화 현상, 사회적 박탈감, 중산층붕괴, 대규모 청년실업사태, 일자리창출, 가계빚더미, 인플레이션, 금융계의 모럴 해저드, 사회보장제도의 상실, 시장거래의 불공정 환경, 승자 독식의 경쟁 만능, 금융가의 공적자금 보너스 돈 잔치 등으로 범 세계인의 분노와 저항의 성격의 조짐이 보인다.

세상의 모순을 일시에 해결하려는 글로벌 전쟁과 혁명의 전조라고 할 것이다. 미국 월가의 시위, 영국 런던의 폭동, 빚더미 정부에 대한 그리스 시민 폭동, 스페인 교황방문 거부, 공교육 혁신에 대한 분노로 일어난 칠레의 시위, 고물가에 대한 이스라엘의 시위 등이다(동아일보, 2011, 10, 4). 이제 전 세계 400개 도시에 동시 다발적으로 일어나는 시위의 양상이다. 이러한 성격으로 볼 때 이러한 분노의 저항들은 세계 무산자 동맹의 성격을 지니고 있다. 어느덧 시위가 시설물을 파괴하는 등 과격화 양상을 띠기도 하였다. 2011년 11월 2일 미국 샌프란시스코 오클랜드 항구는 시위대 수 천 명이 몰려들어 일부 폭력행위를 동반하다가 그쳤다. 주변가게 유리창을 부수고 은행벽에 낙서를 하며, 성조기와 돈을 태우는 장면도 목격됐다고 한다(조선일보, 2011, 11,4). 월가점령 및 그 시위 여파에서 글로벌 금융위기와 무산자들의 양산의 책임이 어디에 있는지 논쟁이 뜨겁다. 금융인인지 아니면 정치인들인지의 논쟁은 어쩌면 피상적인 귀책 접근이라고 보아진다. 필자의 견해로는 숨어서 잘 나타나지 않는 초국적 국제금융재벌세력들의 화폐추가 발행 및 유동성 위기 조장에 의한 이권 추구를 위한 고도의 전략의 결과라고 보아진다. 과열경기부양과 신용불량자 모기지 대출, 부실파생상품의 보증 등은 그들의 시나리오였다고 추정된다.

물론 이번의 분노의 저항의 운동이 매우 우발적이며 비조직적이었기 때문에 일시적이며 그리 오래 지속되지는 않았다. 3개월 뒤에 헤어졌다(MBN방송, 2011, 12, 1). 그러나 그 운동의 기운은 잠복되어서 언제든지 강화되고 다시 반복적으로 더 크게 터져 나올 가능성이 있다. 이 시위는 생존선 이하의 위기에 처한 대중이 죽지 않고 살기 위하여 몸부림치는 자연발생적인 혁명세력의 성격을 갖는다. 현재 그리스 의 실업률은 16.2%를 기록하고 있으며 18~14세 청년실업률은 무려 42%를 넘고 있다. 스페인 44.3%, 포르투칼 27.8%, 아일랜드 31.5%, 이탈리아 29.6%로 나타나며 그리고 EU 평균 청년 실업률은 20.4%로 집계된다. 이는 젊은 층 실업자들이 일자리를 찾지 못해 방황하고 있으며 불만이 고조되고 있음을 의미한다(조선일보, 2011, 7, 4). 아마도 경제의 최종 가장 중요한(critical) 지표는 고용수준이 아닐 수 없을 것이다.

이 분노의 저항의 현상들은 앞으로 초국적 국제금융재벌세력의 횡포를 견제하는 유일한 세계전체의 무산자동맹이라는 의미가 있으며 제 2의 글로벌 마르크스레닌의 프롤레타리아 혁명의 전조일 수도 있다. 현재의 글로벌 위기의 극복 방법은 대규모 화폐 발행 및 방출 밖에는 다른 길이 없고 또한 이것은 반드시 인플레이션과 빈부격차를 심화시키는 것이다. 그리고 이러한 불평등구조는 결국 혁명과 전쟁으로 가는 운명일 뿐이다. 한계 상황에 있는 무산자들은 자살하든지 아니면 계속 빚을 더 지든지 두 가지 방법 밖에는 없다. 빚은 쌓이면 반드시 파산한다. 그리고 도미노식 위기를 광범위하게 파급시킨다. 다만 한 가지 다른 돌파구가 있다면 혁명과 전쟁으로 새로운 질서를 만드는 것이다. 이미 역사가 증명했듯이 이러한 비참한 유혈사태와 잔인한 독재체제를 미리 막기 위하여 이런 모순적 금융 상황을 극복하는 방법을 강구하지 않으면 안 될 것이다. 과거의 불평등 구조는 그 주원인이 노동의 착취였지만 이제는 금융의 모순에 의한 것이 다를 뿐이다. 앞으로 세계 권력은 결국 유산자의 금융적 자본(capital)이냐 아니면 무산자의 조직적 유대(solidarity)가 장악하느냐의 양대 권력투쟁의 시기가 다시 도래할 것이다. 즉, 지구상의 모습은 이제 하나의 세계와 하나의 저항으로 정리되어가는 경향을 보인다. 글로벌 금융의 모순이 심화됨에 따라 글로벌 프롤레타리아 혁명이 나타날 가능성이 더욱 높아지는 것이다. 앞으로 글로벌 금융모순은 정의의 관점에서, 그리고 프롤레타리아 혁명은 그 필연성 예방의 차원에서 더 연구해 볼 가치가 있다. 인류의 마지막 희망은 의식혁명의 계몽이며 이로써 자본주의 및 시장메카니즘의 룰(rule)을 바꾸는 정치력을 발휘하는 것이다. 이것이 실패하면 그다음은 바로 유형사태의 구조적 혁명이나 전쟁일 뿐이다.

사회주의가 자본주의 보다 우월하다는 K. Marx의 관점은 틀린 것으로 역사가 심판하였다. 그러나 자본주의의 모순과

위기의 현상을 보면 그의 주장은 부분적으로 옳았다. 마르크스는 세계화와 함께 금융의 모순으로 소득과 부가 노동에서 자본으로 재분배 되면서 결국 자본주의의 자기파괴성이 드러날 것으로 예측했다. 소비자의 최종구매력이 부족한 탓에 기업들은 일자리를 줄이고 이는 다시 노동자의 소득을 줄이며 불평등구조를 심화시키면서 결국 최종 구매력이 감소하게 되는 악순환이 반복될 것이다. 자본주의는 룰(rule)속의 경쟁게임이지만 이 룰이 근본적으로 잘못되는 모순에 필연적으로 빠져드는 것이다. 이 rule에 관해서는 조직행동경제학, 경쟁게임에 대해서는 시장결정경제학과 관련이 많을 것이다. 최근 이스라엘, 영국에서 발생한 대중시위, 쌓여만 가는 중국 인민들의 분노의 근원에는 불평등 심화, 빈곤, 실업, 희망이 없는 현실 같은 동일한 사회문제가 자리 잡고 있다(조선일보, 2011, 8, 20). 경찰의 총격으로 영국의 전역에 펼쳐지고 전쟁터를 방불케 하며 4일간이나 지속된 빈민폭동은 높은 청년실업률과 긴축정책으로 경제적 어려움이 그 동기가 되었다고 분석되고 있다.

세계가 글로벌화 되고 금융의 모순이 가속화 되어가는 것에 대한 운동은 오랫동안 그 뿌리를 갖고 있다. 1999년 12월 WTO총회의 개최를 저지하기 위하여 약 40000명이 미국 시애틀 도심을 점거하고 경찰과 대치하여 격렬한 시위를 하였다. 2000년 2월 스위스 다보스에서 열린 세계경제포럼(World Economic Forum) 연차총회에서 범세계적 자본주의(global capitalism)에 항의하는 시위가 발생하였다. 2000년 9월 체코 프라하에서는 2000년 4월에 이어 세계은행(World Bank)과 국제통화기금(IMF, International Monetary Fund)의 연차총회 저지를 위하여 약 12,000명이 시위에 참가하였다. 2001년 4월 캐나다 퀘백에서 열린 미주정상회의(Summit of Americas)에서 시위대와 대치한 경찰이 최루탄과 물대포를 사용하였다. 2001년 6월 스웨덴 에테보리에서 EU 정상회의 (European Union Summit)를 방해하기 위하여 40,000명이 참가한 반세계화 시위가 벌어졌다. 2001년 7월 이탈리아 제노아에서 선진경제국 8개의 정상이 참가하는 G8 회의 중 격렬한 반세계화 시위가 벌어져 시위자 한 명이 사망하는 불상사가 일어났다. 2009년 4월 영국 런던에서 G20 정사회의 개최를 방해하기 위한 대규모 반세계화 시위가 벌어져 시위대 중 한 명이 사망하였다(김성환, 2011, pp.81-84). 이 밖에도 끊임없이 글로벌 금융체제 모순, 불평등구조 및 반세계화, 환경보호 등의 운동이 계속되었다.

반세계화 운동은 반(反)글로벌금융재벌세력 운동과 결부된다. 세계화가 됨으로서 금융이 재생산 되는 효율성과 불평등구조 및 모순을 더욱 가속화시키기 때문이다. 정보통신, 교통발달, 관세철폐, 문화의 수렴화 과정, 공산사회의 몰락, 국제연합기구 발달, 자유무역기구협약 등이 세계화를 가속화 시켰다. 글로벌은 자유시장경제체제의 도래를 의미하며 자원이동이 용이함을 말한다. 자고로 경쟁력 있는 나라는 자유주의를, 약한 나라는 보호주의를 주장해 왔다. 문제의 핵심은 점점 권력이 한 곳으로 집중되는 모양을 보이고 있다. 개별국가의 기능이 축소되고 초국가적 기관(supra-national organization)이 갖는 권한은 대폭 확대된다. 궁극적으로 글로벌금융재벌세력은 하나의 세계정부 혹은 하나의 세계은행을 지향할 것이다. 반면에 반세계화 시위도 날이 갈수록 조직화되고 정례화 되고 세계인들의 지지 기반을 점점 더욱 넓혀 나가고 있다. 세계는 하나의 금융과 하나의 저항으로 정리되는 것 같다.

반세계화 반금융의 빈번하고 격렬한 상황은 국제금융재벌세력이 오히려 역으로 이용할 수도 있다. 세계경제의 위기와 일자리 창출에 대한 요구는 금융위기극복 및 경기부양의 미명하에 달러를 대량으로 찍어내어 세계의 부를 강탈하는 그러한 양적완화 정책을 도울 수도 있다. 그리고 보다 강한 금융규제의 요청은 이 초국적 국제금융재벌세력들의 금융지배력을 더 강화시키고 독재화 할 수 있게 만들 수도 있다. 따라서 이 빈부격차로 야기된 시위의 문제는 그 해결이 쉽지 않은 난제이며 부분적으로 혹은 단편적으로 접근해서는 결코 해결될 수 없음은 자명하다. 비극이겠지만 결국 전쟁이나 혁명으로 마치 암환자를 수술하는 것처럼 극소수의 세계금융지배세력을 도려내어 제거해야만 해결될 수 있는 운명을 지닌다. 다만 이러한 과정의 비극적 조치가 빈부격차 보다 더 나쁜 상황이 아닌지는 알 수 없는 일이다.

우리나라의 불평등구조도 점점 빠르게 심화되는 조짐을 보이고 있다. 소득분배의 불평등 수준을 나타내는 지니(Gini) 계수도 1997년 0.264, 2009년 0.320로 급등하였고 현재는 EU국가들의 평균 지니계수 0,310보다 상회하고 있다(동아일보, 2011, 10, 13). 이는 자유시장체제의 위기이며 또한 세계화 및 글로벌 금융위기를 통하여 소득배분의 양극화가 진행하여 온 셈이다. 그러나 한국의 불평등 정도는 미국 보다 덜한 것으로 나타나고 있다. 이번 미국의 월가 시위는 1%의 부자가 99%의 보통사람을 지배하는 사회에 대한 분노에서 비롯됐다. 이는 부의 지배의 정당성 문제를 제기한 것이다. 미국경제정책연구소(Economic Policy Institute)에 따르면 2011년 4월 기준으로 미국 상위 1%의 계층은 36.5%를 챙기고 있다. 한국에서는 상위 1%가 전체 가계자산의 15.1%를 갖고 있는 것으로 추정된다(2007년 한국노동연구원 보고서). 사회적 불평등을 나타내는 대표적 지표인 지니계수는 2010년 한국은 0.315, 미국은 0.457를 가리키고 있다. 지니계수가 1에 가까워질수록 불평등한 정도가 크고 0에 가까우면 그 반대다. 평균 가계소득의 절반도 못 버는 인구비중을 뜻하는 '상대적 빈곤율'은 지난해를 기준으로 미국이 17.1%, 한국은 14.9%이다. 역시 미국의 상대적 빈곤율 수준이 더 높다. 그러나 다만 한국의 악화속도가 빠를 점은 큰 부담이다(중앙일보, 2011, 10, 21).

5. 국제금융재벌세력의 정복 목표와 전략

국적을 초원한 세계 총 자본의 덩어리인 세계총금융자본 세력은 강력한 금융카르텔을 형성하여 이제 미국 및 유럽시역의 금융기관 및 정부기관, 군부, 언론, 학계 등은 거의 다 장악하여 그들의 영향 하에 두는데 성공하여 자기들에게 유리하게 맘껏 좌지우지 할 수 있게 되었다. 그리고 기축통화 유지, 양적완화정책, 유동성 팽창 및 긴급 흡수 전략, 주요 자원 독점 전략 등으로 그 영향력을 계속 팽창시키고 있다. 이제는 전 세계에서 총 금융자본에 저항적인 위치에 남아 있는 세력은 크게 단지 2 곳뿐이다.

첫째, 그 한 곳은 이슬람세계이다. 이들은 서구의 기독교문화와 다른 종교문화를 갖고 있으며 원유달러로 매우 독자적인 강력한 금융지배구조와 군사력을 갖고 있다. 서방과 수천 년을 갈등관계를 가져온 별도의 세계로서 국제금융재벌세력들의 영향력이 잘 미치지 않는 곳이다. 그리고 아랍의 자유시장경제체제를 별도로 형성함으로서 서방의 보다 큰 세계자유시장경제체제와의 의존성과 종속성이 상당히 단절되어 있다. 따라서 세계총금융자본 세력의 정복 목표의 실현 및 그 전략들이 잘 먹혀들어가지 않는 영역이라고 할 것이다. 따라서 아랍권은 그냥 후순위의 정복 대상으로 미룰 수밖에 없을 것이다.

반면에 둘째, 동북아시아의 한·중·일의 3국은 서방 세력이 주도하는 세계자유시장경제체제에 상당히 깊숙이 편입되어 상호 의존성 및 종속성을 갖고 있다. 그래서 세계총금융자본 세력의 정복 목표의 실현 및 그 전략들이 잘 먹혀들어갈 가능성이 크다고 할 수 있다. 그리고 지금 동북아지역은 경제적으로 발전하여 상당히 높은 수준의 부를 축적함으로서 세계총금융자본 세력이 군침을 흘릴만한 대상이 아닐 수 없다. 서구의 세계총금융자본 세력이 계속 살아남기 위하여 마지막 남아있는 큰 먹잇감인 동북아 지역으로 대거 투자하거나 한·중·일의 경제를 정복하고자 할 것이다. 이 지역을 경제적 식민지화를 시키고 자본재생산을 지속하는 과정에 총력 집중할 것으로 예상된다. 미국과 유럽은 과소비경향, 귀족적 사치 문화, 낭비적인 복지환경, 고비용구조 등으로 이미 저축율 저하 및 산업의 경쟁력을 잃어 경제가 점차 쇠퇴하는 조짐을 보이는 대신 동북아 지역은 새롭게 떠오르는 기세이기 때문이다. 앞으로 자본시장 개방화 추진, 관세 및 무역통상 마찰, 환율조정요구, 신용평가하락, 학계 및 매스컴을 통한 비난 공세, 유동성과잉공급 및 긴급회수 전략, 특허 법률 공세, 자원점유전략, 군사적 위협 등의 다각도의 수단과 방법을 동원하여 이들의 궁극적인 목표를 달성할 것이다. 특히 가장 공격하기가 쉽고 만만하여 IMF위기 및 글로벌 금융위기에서 간신히 세계총금융자본 공세로부터 겨우 경제적 죽음을 면한 우리나라도 그 대처방안을 적극 모색하는 것이 이 시점에서 매우 의의가 있을 것이다. 이를 위해서는 순진한 시장결정경제학이 아니라 비판적인 조직행동경제학이 더 필요할 것이다.

한·중·일 3국은 아직 독립적인 중앙은행을 갖고 있으며 각 나라의 국가의 결정 혹은 국민의 결정에 따라서 타국이나 타 세력에 간섭을 받지 않은 화폐발행권을 보유하고 있는 경제적인 독립 국가이다. 세계총금융자본 세력은 결국 이 동북아시아의 유력한 3국의 중앙은행의 화폐발행권을 빼앗거나 혹은 아예 각 자국의 화폐제도를 없애고 달러로 쓰도록 하여 경제정책의 주도권을 빼앗을 것이다. 그리고 인플레이션을 통하여 국민들의 재산을 강탈하고 또한 각 3국은 자신들이 점령한 중앙은행이 발행한 화폐를 국채 발행을 통하여 국가채무의 형식으로 빌려 쓰도록 할 것이다. 이로서 영원히 세계총금융자본에 종속시키고 국민들을 엄청난 빚더미의 굴레에 갇히게 할 것이다. 더 나아가 정부를 자신들의 허수아비로 만들며 군사, 학계, 언론을 역시 마음대로 조종할 수 있도록 만들며 법적 금융통제 권한의 장치까지 만들어 우리나라의 모든 금융기관을 그들의 손아귀에 들어가게 할 것이다. 그리고 금융위기를 반복적으로 조장하여 도산하는 유망기업들의 주식을 휴지조각과 같은 헐값으로 매수할 것이다. 그런데 일본은 지금 이미 국제금융재벌세력에게 경제주권을 상실한 조짐이 보인다. 미국과 무제한 달러 통화스왑을 체결한 대상국이라든지, 초 엔고 상황을 막기 위한 맞불작전으로 대규모 엔화발행을 못하는 점뿐만 아니라 미국의 달러 양적완화를 적극적으로 비판하지 못하는 점 등 때문이다.

7장 한·중·일 경제전략

1. 미국과 중국 사이의 패권 다툼

G2 시대가 되고 있다. 세계의 질서를 재편해 가는 미국과 중국 간에 거대한 권력 게임이 진행 중이다. 한 동안 평온했던 강대국들이 글로벌 금융위기를 계기로 갑자기 움직이고 부딪히며 힘겨루기를 하고 있다. 미국과 중국은 거의 모든 현안을 놓고 갈등하고 있다. 중국은 세계 경제위기로 노출된 미국의 허약한 국력이 당분간 회복될 가능성이 없다고 판단했을 수 있다. 중국은 이미 과거의 중국이 아니며 미국이 이제 중국을 대하는 태도를 바꾸어야 할 때라고 주장하고 싶을 것이다. 그러나 군사력이 초강대국인 미국이 동아시아의 무대에서 쉽게 빠져나갈 리는 만무하며 따라서 미국과 중국 사이의 갈등은 더욱 심화될 수 있다. 중국의 기세가 승승장구 하지만 급속 경제성장에 따른 불평등 문제와 위화감 그리고 소수민족 갈등의 불안을 내포하고 있다. 미국 지도부인 대통령, 국무장관, 국방장관이 연쇄적으로 아시아 여러 국가들을 순방하면

서 외교관계를 강화시키고 있다. 이에 대하여 중국 관영 언론들은 미국이 최근 반중연맹을 구축하려고 한다고 비판했다(조선일보, 2010, 10, 29).

문제는 미국과 중국이 서로 부딪칠수록 우리나라는 더욱 힘든 상황이 된다는 점이다. 북한의 핵문제나 불안한 미래를 놓고 우리나라는 양 국가의 협조를 동시에 받아내야 한다. 중국은 한국과 미국의 동맹을 견제하기 위하여 북한을 완충 국가의 존재로서 더욱 집착할 가능성도 있다. 구 한 말 때의 우리나라가 당했던 교훈을 상기하면 이렇게 한반도 주변의 국제정치의 판도가 험해 질수록 남북한이 합력한 구심점이 더욱 필요할 때이다. 우선 여러 현안을 놓고 벌어지고 있는 미국 중국 간의 갈등이 한반도 문제로까지 파급되는 것을 차단할 필요가 있다(조선일보, 2010, 2, 25, 윤영관 글).

오바마 미국 대통령이 2010년 2월 18일 미국 백악관에서 티베트의 정신적 지도자 달라이 라마와의 면담을 강행하자 중국 외교부는 이는 내정간섭이며 중국인의 민족감정을 크게 훼손했다고 항의를 제기하고 있다. 그리고 1월 29일에는 미국이 대만에 64억 달러 규모의 무기 판매계획을 밝혔다. 이에 중국은 격노하여 미국과 군사교류를 중단하겠다며 반발했다. 그러나 사실상 중국의 경우 미국 국채 보유액 세계 1위라는 경제 대국이 된 마당에 무역 분야는 이미 중국의 역린(逆鱗)이 아니라 오히려 발톱이 되고 있으며 대만의 무기 수출은 별 안보 위협이 되지 않고 오히려 군비확장을 정당화시키는 구실이 될 것이다.

그러나 티베트야 말로 중국의 진정한 역린이다. 중국은 티베트가 분리 독립하면 신장위구르와 네이멍구, 닝사 회족 자치구 등으로 분리 독립 도미노 현상이 발생할 수도 있어 신경을 곤두세우고 있다. 불씨 하나가 광야를 태우 듯 한(漢)족과 55개 소수 민족들로 구성된 다민족 국가가 단숨에 붕괴될 수 있기 때문이다. 1959년도 라마 무장봉기에는 미국중앙정보국(CIA)의 은밀한 지원이 있었던 것으로 비밀 해제된 CIA문서를 통해 밝혀진 바 있다. 이 때 CIA는 티베트 게릴라에게 연간 170만 달러를 지원했고 군사훈련을 지도했다. 따라서 미국 대통령이 '중국의 빈라덴' 격인 달라이 라마를 만나는 데에 중국이 과민반응 하는 근거가 되기도 한다. 그리고 미국은 아시아 태평양 지역에 군사력을 증강하려는 의지를 보이고 있다. 중국을 배제하려는 환태평양연안동반자협정(TPP)의 추진도 중국을 자극하고 있다. 미국과 중국의 갈등이 극단으로 치닫지는 않겠지만 양국 사이의 자부심, 국가이익, 세계관, 의식구조 등의 차이로 말미암은 구조적 모순 때문에 앞으로 1~2년 간은 관계의 악화가 지속될 것으로 예상된다(매일경제, 2010, 2, 22, 강효백 글). 그리고 미국과 중국은 남중국해 영유권 문제로 전선이 확대되고 있다(조선일보, 2010, 11, 26). 남중국해가 미국의 석유수송해상항로여서 미국이 남중국해에서 자유롭게 항해하고 아시아 공동수역에서 제한없이 접근하는데 국가적인 이해를 갖고 있다고 주장하고 있다. 중국의 외교장관은 '영토분쟁 지역인 남중국해를 국제 이슈화 하려고 들지 말라'고 즉각 반발하였다. 더구나 중국의 대외적인 팽창의지는 항공모함 개발과 핵잠수함 증강 등 대양해군육성 계획과 맞물리면서 미국의 경계심을 일으켜 양국간 대립구도가 양극화 할 수 있다는 전망이 나오고 있다. 그리고 중국과 미국은 파키스탄을 둘러싸고 외교전을 벌이고 있다. 미국이 5억 달러에 달하는 대규모

경제지원에 나서기로 하자 중국은 320만 MW급 원자로 2기를 설치키로 맞섰다. 미국은 중국이 파키스탄에 불법적으로 핵기술을 수출하려고 한다고 비난하며 갈등을 일으켰다. 장쩌민 전 주석 시대의 중국 대외정책은 빛을 감추고 어둠속에서 힘을 기른다는 뜻의 '도광양회(韜光洋晦)'로 요약된다. 그러나 후진타오 시대가 본격화 된 최근 2-3년간 사이에 중국은 예상을 깨고 '대국굴기(大國屈起)'를 드러낸다. 큰 나라로 우뚝 선다는 뜻이다. 중국이 세계 패권국이 되기 전까지는 미국과 직접적인 대립구도를 피해야 한다는 후진타오 이전 시대의 국가적 독트린은 이제 폐기된 것이나 다름없다(매일경제, 2010, 11, 28). 만약에 중국과 미국 간 전재 상황이라도 발발한다면 우리는 한미안보동맹 때문에 그 전쟁에 자동 개입되며 또한 한반도가 그들의 대리전을 치르는 전쟁터가 될 것임을 유의하고 향후 외교에 임해야 할 것이다.

미국과 중국 사이에 보복 관세의 싸움이 갈수록 격화되고 있다. 미국이 일자리 창출을 위하여 수출 확대를 강조하며 중국의 위안화 절상 등 환율 문제를 직접 제기한 이후 두 나라 사이에 서로 주고받는 핑퐁게임처럼 반덤핑 관세의 무역보복 공세가 잇따르고 있다(동아일보, 2010, 2, 8). 미국 상무부가 현지 시간으로 2월 5일 중국산 선물 상자와 장식용 리본에 최고 231.4%의 반덤핑 관세를 매기기로 했다고 밝혔다. 그러나 미 상무부는 장식용 리본의 대미 수출물량이 중국 보다 훨씬 많은 대만에 대해서는 최고 4.54%의 반덤핑 관세를 매기기로 해 중국산 장식용 리본에 대한 반덤핑 관세가 보복조치라는 인상을 강하게 풍겼다. 미국은 2007년 기준으로 중국에서 3270만 달러어치의 장식용 리본을 수입했지만 대만에서는 이보다

2배 이상인 6180만 달러어치를 수입했다. 이에 앞서 미국은 중국산 전기담요에도 최고 115%나 되는 반덤핑관세를 매겼으며 중국산 시추용 강관도 덤핑수출 여부를 조사하고 있다. 중국은 지난해 11월 미국이 중국산 타이어와 철강에 고율의 반덤핑 관세를 부과하자 이에 맞서 미국산 닭고기에 자동차와 닭고기에 대한 반덤핑 관세를 부과하겠다고 발표하였다. 그리고 미국의 여러 정치인들 중에는 중국이 각종 관세 및 비관세 장벽을 쌓아 미국의 대중국 수출을 가로막고 있으며 특히 미국의 지적재산권 등 서비스산업에서도 통상 침해가 심각하다고 비판하고 있는 형국이다.

미국의 줄기찬 요구에도 불구하고 중국은 위안화 가치절상은 커녕 보유 중인 미국 국채를 내다 팔 가능성을 시사하는 등 맞불을 놓고 있는 형편이다. 이는 중국이 수출주도성장정책을 바꾸지 않겠다는 뜻이다. 다만 미국이 긴축 및 출구전략을 성실히 수행할 때 위안화 절상을 천천히 점진적으로 검토하겠다는 입장이다. 그리고 오히려 해외로 달러나 위안화를 과감히 내 보내어 대규모 해외 기업투자 및 자원투자를 적극 시도하는 것이다. 이는 인플레이션을 막을 수 있는 방법이기도 하다. 중국이 유럽기업 사냥으로 쓸어 담기를 하고 있다(한국경제, 2011, 10, 4). 이와 같이 위안화의 절상을 막기 위하여 달러를 밖으로 내보내는 사용방법은 매우 현명하다고 할 것이다.

중국경제의 위기와 대응방향을 살펴보자. 중국 국가통계국이 1월 20일 발표한 바에 따르면 작년의 명목 GDP는 5조 8812억 달러로서 IMF 예측치를 참고한 일본 내각의 추정치인 5조 4023억 달러보다 약 4789억 달러가 더 높다. 지난해 GDP 성장율은 10.3%로 집계되었다. 중국의 경제성장에 크게 기여

한 것은 무역이었다. 지난해 수출은 1조 5779억 달러로 그 전해보다 31.3%, 수입은 1조 3948억 달러로 38.7% 증가했다. 그리고 투자는 23.8%, 소비는 18.4% 성장하면서 경제성장에 한몫을 하였다(조선일보, 2011, 1, 21). 그러나 중국의 중앙은행인 인민은행은 2010년 1월 12일 지급준비율을 0.5%포인트 인상한 후 2월 13일 다시 기습적으로 0.5%을 인상함으로 중국 정부의 긴축정책이 본격화 될 전망이 더욱 힘을 얻어가고 있다. 이는 중국의 금융당국이 유동성의 빠른 증가를 크게 염려하고 있음을 방증한다는 해석이다. 그동안 통화안정채권의 발행금리를 올리고 대출 축소 등 창구지도를 강화했지만 급등하는 유동성을 잡기가 쉽지 않는 상황이기 때문이다. 올해 중국의 성장률이 11.4%에 달해 앞으로 물가가 한 달 사이 3%이상 급등하거나 2개월 연속해 2% 이상 오르면 지급준비율 추가인상과 함께 적정 폭의 금리인상에 나설 가능성이 높다(매일경제, 2010, 2, 16). 중국은 국내의 경기과열을 막기 위하여 최악의 경우에 금리인상까지 고려할 수는 있지만 수출의 위축을 막기 위하여 위안화의 가치절상은 최대한 늦춘다는 자세를 취하고 있다. 중국이 이대로의 추세라면 2027년 세계 제1의 경제대국으로 성장할 것이라고 분석되고 있다(KBS, 뉴스방송, 2011, 11, 21). 이는 중국과 미국의 대결을 더욱 격화시킬 것이다. 최근 환태평양연안동반자협정(TPP)도 미국이 중국을 고립화 시키려는 시도로서 이러한 분위기를 반영하는 것이다.

2. 미국과 일본 사이의 공방전

도요다 자동차 대량리콜 사태가 빚어졌다. 도요다의 간판 차종인 신형 프리우스의 브레이크 설계 결함과 은폐의혹, 늑장대응 및 땜질식 처방으로 대량리콜사태에 직면하게 되었다. 세계 1위의 자동차업체인 도요다가 초유의 리콜사태로 흔들리면서 세계자동차시장 판도에도 큰 변화가 일어날 것이라는 전망이 나오고 있다. 도요다의 프리우스는 하이브리드 친환경차량으로서 유압식 브레이크에 추가로 회생브레이크라는 전자제어제동장치가 달려있다. 프리우스는 현재 판매되는 하이브리드 차 중에서 가장 앞서 있다는 평가를 받아왔으며 1997년 출시된 이후 세계적으로 160만대 이상 팔려 이 분야 독보적인 1위가 되었다. 더군다나 프리우스를 개발하면서 미국에서 약 300건에 가까운 특허를 등록한 것을 비롯해 세계적으로 1000건 이상의 특허를 출원하였다. 그러나 이번 대규모리콜사태로 프리우스의 독보적인 지위도 영향을 받지 않을 수 없게 되었다.

미국에서 도요다 자동차에 대한 비판이 거세지자 여기에 잘못 대응하면 도요다가 망하는 것을 포함하여 일본제품 전반에 대한 신뢰가 훼손될까봐 크게 우려하고 있다. 따라서 일본정부와 언론이 나서서 이러한 비판에 겸허하게 귀 기우리고 앞으로 안전과 품질에 더욱 만전을 기하라고 촉구하고 있다.

다른 한편 일본인들 사이에서는 이러한 미국의 지나친 일본때리기(Japan-bashing)에 서서히 반발이 고개를 들고 있다. 도요다에 대한 극렬한 비난은 미국의 정치세력이 적극적으로 개입하여 의도적으로 진행하고 있다는 의문을 갖고 있다고 AP

통신이 2월 7일자로 보도했다. 이는 미국정부가 파산위기에 있던 GM의 지분 60.8%를 보유한 최대주주가 되었으며 또한 도요다가 2008년 GM을 제치고 판매대수 세계 1위를 차지함으로서 미국의 자존심을 건들었기 때문이라고 볼 수 있다(동아일보, 2010, 2, 8). 미국의 의회와 언론 및 소비자등 미국 현지의 반발과 불신 등 강도 높은 압박에 처음에는 '청문회불참'을 공식 발표한지 이틀 만에 이를 다시 번복하고 미국청문회에 출석하겠다고 밝혔다. 이는 이번 도요다 문제가 단순한 리콜 사태에 머물지 않고 미·일 양국 간의 통상갈등으로 비화할 수 있다는 우려 때문이다. 그리고 일본 정부도 도요다가 문제를 더욱 확대되지 않게 사전에 해결해 줄 것을 바라기 때문이다(매일경제, 2010, 2, 20). 첫날 청문회에서 의원들은 급가속을 일으킨 도요다 차량의 전자식 연료조절장치에 결함이 없었는지 집중 추궁했다. 그러나 일부 공화당 의원들은 '마녀사냥을 해서는 안된다'고 신중한 태도를 보였다. 그리고 레이 라후드 미 교통장관은 미 정부가 GM의 지분의 60% 갖고 있어 도요다를 강경하게 대하고 있다는 일부 비난에 대하여 '헛소리'라고 일축했다(한국경제, 2010,2, 25).

지금 하이브리드 렉서스 차종도 프리우스와 같은 부품이 사용되기 때문에 리콜이 시작되고 있으며 일본 하이브리트 4개의 차종만 모두 43만대가 2월 9일 현재 리콜이 되고 있다. 그리고 이미 캠리 등 10개의 차종에서 약 1000만대의 리콜을 발표한 도요다의 위기감은 매우 커졌으며 더구나 일본의 혼다 자동차의 에어백 문제로 리콜이 더욱 확대될 조짐도 보이고 있다. 일본이 지금까지 쌓아온 '품질신화'도 휘청거리고 있다.

도요다가 2007년 미국의 GM을 제치고 세계 1위로 뛰어올라 미국의 경계심과 반발을 불러일으키고 있다고 해석 할 수도 있지만 다른 한편에서는 일본의 자동차업계의 품질관리시스템이 무너진 경영전략상의 잘못도 반성해볼 필요가 있다. 계속되는 초고속의 발전으로 '성공의 덫'에 빠지면서 생긴 오만과 지나친 원가절감의 폐해가 도요다를 덮쳤다. 도요다는 너무 빨리 달리다가 이제 길을 잃은 것이다(한국경제, 2010, 2, 25). 도요다는 국내외 부품업체에 2013년까지 납품 가격을 30% 이상 낮출 것을 요구해 경영상의 부담을 경영상의 부담을 고스란히 하청업체에 떠넘기려 한다는 비판을 받았다. 해석컨대 이는 일본 내에 소재하는 도요다 생산업체의 경우는 초 엔고로 말미암은 수출 채산성 악화가 강한 원가절감 정책 압박의 주요 요인이 되었으리라고 해석될 수 있다.

그리고 가속페달 결함으로 말미암은 1000만대 대량리콜사태 이외에 엔진오일 고무 호스가 터진 문제를 리콜하지 않고 몰래 고쳐 준 사태가 또 다른 문제로 세기되고 있다(조선일보, 2010, 3, 3). 일본의 도요다 계속 때리기를 다른 입장에서는 일본의 미국과의 외교관계의 실패 때문이라고 해석하기도 한다. 일본의 국력을 바탕으로 미국과 대등한 관계를 주장하는 현 정권에 대한 반감을 고스란히 도요다가 안고 있다고 보는 것이다.

이 도요다 사태는 한국에도 경각심을 주고 있다. 일본의 도요다는 이번 자동차 대량리콜사태로 말미암아 미국에서 지난달 시장점유율 이 14.1%네서 4.1%포인트 급락한 반면 한국의 현대, 기아 자동차는 5.3%에서 7.6%로 2.3%포인트 상승했다. 이는 미국시장에서 경쟁하는 15개 글로벌 자동차회사 가운데서 가장 큰 점유율 상승폭의 반사이익을 누리는 최대의 수혜자가 된 셈이다(동아일보, 2010, 2, 10). 그러나 이 일본의 리콜사건은 우리가 타산지석으로 참고하여 배울 점이 많다. '하청업체 쥐어짜기'에 관한 한 한국의 대기업도 자유롭지 않다. 원가절감의 필요가 있으면 우선 협력업체에 전가하는 관행이 자동차업계를 비롯해 산업계 전반에 퍼져 있다. 노조의 입김이 강한 일부 기업의 폐해는 더 심하다. 한국노동연구원은 지난달 내놓은 보고서에서 '경영진이 노조에 고용안전과 높은 임금을 제공하는 대신 노조는 비정규직 활용과 하청업체에 부담전가를 용인하는 방식으로 자동차업계에서 노사담합이 이루어지고 있다'고 지적했다. '노조이기주의'가 덜한 도요다가 저 지경에 빠졌다면 환율 하락 시 우리기업들의 품질문제의 잠재적 위험성은 훨씬 크다.

한국산업연구원 분석에 따르면 2008년 현대자동차의 영업이익은 4년전 보다 5.3% 줄어든 반면, 국내 5개 자동차업체에 납품하는 우량협력업체 17개사의 평균영업이익은 22.4%나 감소했다. 이와 같이 대기업의 단가 후려치기가 지속되면 도요다 사태가 물론 우리나라에도 일어나지 않으리라는 보장이 없을 것이다. 그리고 이는 품질불량과 대기업 및 국가의 신인도 추락으로 이어질 수도 있다. 따라서 대기업과 협력업체 간 상생(相生)을 가로막는 걸림돌을 제거하지 않으면 '하청업체발 위기'는 언제든지 터질 수 있으므로 대기업과 노조는 도요다의 추락을 강 건너 불 보듯이 하지 말고 이 기회에 경각심을 가져야 할 것이다(동아일보, 2010, 2, 8). 그리고 정부도 이러한 점을 유의하여 중소기업을 보호하는 산업정책을 수립하여야 할 것이다. 필자의 견해로는 미국이 일본 때리기가 의도적임을 은폐하기 위하여 한국도 역시 공격 타킷으로 삼을 가능성이 매우 농후 하다고 본다. 한국은 대외의존도가 매우 높고 또한 북한 문제 때문에 이 경우 더욱 민감하게 반응하지 않을 수 없을 것이다. 기업들의 사외유보금도 거의 축적하지 못한 우리나라 기업들은 미국의 수출제품에 대한 품질 공격에 견딜 수 있는 재간이 상대적으로 더욱 약할 것이므로 이러한 사태를 미리 조심해야 할 것이다.

1990년대 일본은 경제성장세 약화, 고실업행진, 인플레이션 속도 둔화, 부동산 같은 자산의 붕괴 등을 경험하고 이로 인한 금융시스템 피해로 제로금리 시행을 하게 되었다. 이러한 디플레이션 현상이 최근 미국에도 그대로 나타나고 있다. 미국의 버냉키 FRB의장은 이러한 미국의 디플레이션 경제 상태를 일본의 예를 들어 앞으로 달러의 추가 발행에 의한 양적 완화정책의 정당화 논리로 활용하고 있다. 그는 FRB를 통한 교묘한 초국적 세계금융재벌세력의 달러 발행의 이권을 챙겨주고 대변인 노릇하고 있는 행각의 냄새를 짙게 풍기고 있다.

그러나 일본의 경우는 기축통화의 위치에 있는 미국과 사정이 다르다. 일본은 지나치게 신중한 행보를 해온 나머지 엔화의 발행과 공급을 적기에 적절한 규모로 방출하지 못한 대가를 톡톡히 치르고 있다. 더구나 유럽 재정위기는 안전자산으로서 엔화를 많이 찾게 되어 엔화의 가치를 올리는 결정적인 원인을 제공하고 있다. 또 미국에서 제 3차 양적완화의 조치로 미국 중앙은행인 FRB가 미국 국채를 사들여 달러를 대규모로 방출하는 전망이 나와 더욱 달러 약세 및 엔화 강세를 부추기고 있다(조선일보, 2011, 10, 16). 즉, 일본은 글로벌 금융전쟁에서 1 차적으로 패배한 것이다. 일본은 1989년 증시가 최고점을 찍은데 이어 2년 뒤 자산거품이 붕괴됐다. 이후 연간 경제 성장률이 0.7% 머물렀고 잃어버린 10년 중 7년은 소비자

물가지수가 하향 선을 그렸다. 재정적자는 GDP 대비 200%를 넘어섰다. 일본 정부는 이 기간 제로금리에 가까운 초 금리 정책을 유지하고 국채 매입 같은 경기부양정책을 지속적으로 폈지만 역부족이었다. 결국 일본정부는 소극적인 처방으로 엔고현상과 물가하락의 두 가지 문제를 방치하였다. 이 두 가지 문제는 아주 쉬운 결론, 즉 엔화를 발행하여 국내외에 공급하는 것인데 경제규모에 비하여 너무 적은 수준을 시도 한 셈이다. 제로 금리정책 혹은 금융 완화정책으로 자사 매입 자금으로 5조엔(68조원)을 방출하여 다음달 FRB의 추가 금융 완화 정책에 대한 대응책을 실시했다(한국경제, 2010, 10, 6). 그러나 이것은 너무 적은 규모이며 일본이 엔화를 충분히 찍어 제대로 내 보내지 못한 점이 문제이다. 그 이유는 일본 정부의 부채비중 과다에 대한 두려움 때문인데 일본이 엔화발행권을 일본중앙은행(BOJ)가 아니라 일본정부가 직접 갖고 채권발행 없이 엔화를 발행하여 과거의 정부 빚도 갚고 또한 2~3% 수준의 적정인플레이션도 유지하며 엔고현상도 막은 조치를 취했더라면 하는 아쉬움이 있다. 엔화 발행 및 방출의 전략을 충분히 사용하지 못한 것은 일본정치인들의 무지가 아니라 일본의 중앙은행인 일본은행도 초국적 세계금융재벌세력의 영향 하에 들어가서 일본 정부의 통제에서 상당히 벗어나 있지 않을까 하는 이유 때문이라는 의문이 든다. 만약 일본정부가 스스로 소유하는 화폐를 발행하여 직접 정부의 채무를 줄였다면 비록 인플레이션이 오르지만 환율을 높이고 수출을 늘임으로서 그 상쇄 효과가 있었을 것이다. 이러한 혁명적 조치를 취할 필요성을 인식하는 정치인과 또한 이런 조치를 지지하도록 일본 국민들을 설득시키는 능력의 부족이 바로 일본 경제를 망쳐왔다고 판단된다.

3. 한·중·일의 공조체제의 필요성

안중근 의사는 옥중에서 한·중·일 삼국연대에 의한 동양평화론을 주장했다. 한 세기 후 노무현 정부는 국가전략으로서 동북아시대를 추진한 바가 있다. 이명박 정부도 예외는 아니어서 한중일 정상회담에 적극적이고 3국 간 협력을 제도화하기 위한 상설사무국을 서울에 유치하는 성과를 거두기도 했다. 그러나 한국과는 달리 중국과 일본의 이익은 동북아를 넘어 동아시아지역과 지구 전체로 확장되어 있기 때문에 동북아를 위한 한중일 협력은 한계에 봉착할 수밖에 없다. 또한 동북아에서의 뿌리 깊은 중·일간의 경쟁, 역사문제, 영토문제 등은 협력의 엄연한 장애요인이다. 지역블록화에 생존의 문제의 관건이 되고 있는 오늘날 추세로 볼 때 동북아시아 공동체 구상이 실현되어야 한다. 그러나 지금은 한·미·일과 북·중·러 사이가 양 대 블록화 되어 감으로서 이러한 구상이 어려워지고 있다.

한·중·일 3국이 지금보다 정치 경제적으로 긴밀하게 협력하여 공동의 평화와 경제의 번영을 이루자는 동북아시아 공동체 구상은 과연 실현가능 한 것인가? 이를 위하여 3국은 어디서부터 어떤 노력을 해야 할 것인가? 더욱 심각해지고 있는 오늘날의 글로벌 경제전쟁의 상황은 동북아시아 공동체가 이제 선택이 아니라 필수인 이슈로 등장하고 있다. 이 지역의 외환위기를 초래하는 환율변동을 공동 대처하고 안정화시키기 위한 상시적 기구를 만들고 이 3 국간의 자유무역협정(FTA) 체결을 거쳐 한중일 공동통화의 발행 및 사용하는 경제공동체를 생각해 볼 수 있다. 그리고 공동환(換) 결제기구 설립을 제안할 수 있다. 한·중·일 3국은 사상 초유의 외환보유고를 쌓아 놓고도 유럽재정위기와 같은 금융위기에 환율 및 국가의 불안을 겪고 있다. 한·중·일 3국간 무역대금 결제시스템이 미 달러에 의존하지 않고 대규모 통화스왑프로 원, 엔, 위안을 확보해서 예치하도록 하는 방법이다. 이는 각자 외화를 확보해서 예치하는 것이므로 외화보유액 증대의 효과도 있다. 그리고 각국의 통화정책 독립성을 그대로 유지할 수 있다(한국경제, 2011, 9, 15). 한·중·일 3국의 동북아시아 경제공동체의 걸림돌은 일본이 한국과 중국을 침략한 과거사라고 할 수 있다. 이 원한에 사무쳤던 과거사를 어떤 형식으로든 청산하지 않고는 절대로 3국간의 진정한 협력관계는 불가능할 것이며 끊임없는 소모전이 발생할 뿐이다. 중·일 갈등이 아직도 나타나고 있다. 그리고 이 틈에 서구의 세계총금융자본의 세력들에게 3국을 경제적으로 각개 격파당할 가능성이 크다. 센카꾸열도(중국명; 釣魚島)를 둘러싸고 중국과 일본이 상대편을 비난하는 거리시위가 동시에 일어났다(동아일보, 2010, 10, 18).

최근 아시아와 태평양 연악의 국가 사이의 다자간 경제통합 구상인 미국 주도의 환태평양연안동반자협정(TPP, Trans-Pacific Partnership)은 한국과 일본을 포함시키면서 중국을 배제하고 고립화시키는 움직임이어서 한·중·일 경제공동체의 결성을 어렵게 하는 요인이 될 것이다. 우리나라는 가급적이면 한·중·일 FTA를 TPP 보다도 우선시 하도록 노력해야 할 것이다. 그리고 2010년 3월 24일부터 치앙마이이니셔티브(CMI)가 출범하게 됐다. CMI란 한·중·일 3국과 아세안 국가들이 외환부족 등 위기에 처할 경우 각국이 와환을 서로 빌려주는 형식으로 국제금융을 제공하는 동시에 동아시아 금융협력체제이다. 우리나라는 16%, 일본, 중국이 각각 32%, 아시아 10 개국이 20%를 분담 투자 하는 것으로 최종 합의 되었다. 투표권은 우리나라가 14.8%, 중국, 일본, 아세안 10개국이 각각 28.4% 만큼 갖는 것으로 합의 되었다.

일본의 침략사를 정당화 한 역사교과서 내용문제나 한국과 중국 국민의 감정을 크게 자극한 일본정치인의 야스쿠니 신사참배, 그리고 한국인들에게 일제식민지 시대의 악몽을 다시 회상케 하는 독도 분쟁은 중요한 시점마다 발목을 잡고 불거지는 악재가 되고 있으므로 이를 극복하기 위한 일본의 태도 변화가 먼저 전제되어야 할 것이다. 그리고 지금까지의 일본의 서구밀착적인 기존의 궤도를 수정하여 친(親)아시아 정책을 추진할 것이 요청된다. 그리고 중국도 급부상한 국력을 바탕으로 패권주의를 지향함으로서 한국과 중국을 또 다른 위협의 상태로 몰아가서는 안 될 것이다. 3국이 상호간 신뢰관계의 구축이 없이 국가간의 공동체를 추구하는 것은 마치 모래위의 누각처럼 취약한 결과가 될 것이다(조선일보, 2009, 10, 30).

한·중·일 공조체제의 전제조건은 민족적 평등과 자발적 접근 및 합의에 의한 공조가 중요하다.

4. 한국경제의 위기와 대응방향

한반도에 세계 정치경제의 먹구름이 몰려오고 있다. 이 어려운 시기에도 반드시 우리의 경제주권을 지켜야 한다. 이것이 앞으로 가장 중요한 문제가 될 것이다. 우리나라가 초국적 국제금융재벌세력의 금융식민지 상태로 떨어지지 않도록 조심해야 한다. 그러나 그 세력들은 집요하게 동북아 지역 및 우리나라를 공략하려고 할 것이며 그 과정의 가상 시나리오는 다음과 같이 전개해 볼 수 있을 것이다. 이러한 우리나라에서 가장 우려가 되는 금융상황 및 그 가상 시나리오는 오늘날의 금융시스템과 그 메카니즘이 워낙 복잡하게 전개되기 때문에 전혀 의도하지 않은 결과지만 우리 자신도 모르는 사이에 큰 잘못을 저지를 수 있다. 정신을 바짝 차리지 않으면 비고의적인 매국행위를 한 후에 아무리 후회해도 돌이킬 수 없을 정도로 때가 너무 늦을 수도 있다.

첫째, 초국적 국제금융재벌세력 자본은 우리나라의 고도의 자본자유화의 상황을 이용하여 대거 우리나라 국내로 유입되어 우리나라의 대형 금융기관들의 지분을 대부분 장악한 다음 우리 정부가 재정적이거나 도덕적으로 위기에 빠져 약체 정권이 되었을 때 자신들의 지배하에 있도록 만든 모든 금융기관들을 단합시켜 우리 정부를 실력으로 저항하고 제압하여 자신들의 목적을 관철할 것이다.

둘째, FRB, IMF 혹은 외국의 유명한 금융기관, 신용평가회사, 매스컴 등에 속한 유명 인사들을 등장시키고 이들의 견해를 적극적으로 홍보하여 그들이 제시하는 글로벌스탠다드(global standard) 금융시스템을 따를 것을 종용하는 여론을 형성시킨다. 우리나라의 어리석은 사람들은 이 세계총자본 세력의 앞잡이나 대변인이라는 사실을 망각하고 더군다나 이러한 인사들을 마구 국내로 불러들여 이들에게 오히려 고액의 강연료까지 주면서 그들에게 유리한 분위기 조성에 일조를 한다. 우리나라는 한때 글로벌 룰과 그 조건, 영향 등을 숙고하지 않고 막연히 무분별하게 국제적 트렌드만 따라가서는 크게 낭패를 본 경험이 있다. 과거 1996년 경제협력개발기구

(OECD)에 가입했다가 불과 1년 뒤 외환위기에 처해 국제통화기금(IMF)의 관리체제로 들어간 것은 우리 지식 부족의 소산임이 분명하다. 해외 저명인사들의 충고와 선진국 클럽에 들어간다는 명분에 취해 우리 기업과 금융시스템의 취약성을 보강해야 하는 전제조건을 모른 체 금융시장개방을 서두르고 개방폭도 일찍 확대했기 때문이다(한국경제, 2010, 6, 9).

셋째, 이 매판 세력은 민주화라는 숭고한 기치 하에, 즉, 정부의 독주와 부정을 막는다는 매우 그럴듯한 큰 명분하에서 중앙은행인 한국은행을 우선 우리 정부로 부터 통제를 전혀 받지 않는 독립된 민영기관으로 만든다. 그리고 초국적 국제금융재벌세력의 자본이 우리나라의 금융기관들의 지분을 대부분 장악한 다음 통화발행권을 갖고 있는 한국은행을 이 민영 금융기관들이 지배하도록 한다. 이는 결국 이 국제금융재벌세력의 자본이 한국의 중앙은행인 한국은행을 지배하는 방식이다. 이 경우는 우리나라가 금융식민지 상태로 들어가는 것과 마찬가지이다.

넷째, 자본투자 자유화 조치로서 금융환경의 불안정성을 더욱 높인다. 외국자본의 과잉유입 및 긴급회수 전략에 그대로 먹혀 영향을 쉽게 받는 위험한 금융환경 체제로 만들어 나간다. 한국은행을 장악함으로서 우리나라가 스스로 금융환경의 불안정성을 탈피하기 위한 재정금융정책을 스스로 펼칠 수 없도록 손발을 묶어 놓는다. 그리고 헐값으로 우리나라의 주요 기업이나 부동산도 마구 매입하여 경제적인 지배를 더욱 공고히 한다.

다섯 번째, 금융안정을 위한 감독 통제를 강화하는 입법을 만든다. 그리고 그 가장 중심 되는 권한의 기관을 정부와 완전히 독립된 민영의 한국은행이 갖도록 한다. 이 민영 한국은행을 통하여 국내 모든 금융기관에 대한 강력한 통제권, 감독권 등 독재권을 장악한다. 이 한국은행의 지분에는 우리나라 정부투자를 배제시키고 이미 초국적 국제금융재벌세력이 지배하는 민간은행들의 투자 자본으로만 구성한다. 그리고 가급적 역시 이미 그들의 지배하에 있는 유명한 세계적인 금융기관들의 지분의 비율을 높인다. 따라서 한국은행은 사실상 세계총자본세력들이 지배 장악한다.

여섯 번째, 강력한 국제협약을 통하여 이렇게 진출한 초국적 국제금융재벌세력의 자본에 우리 정부가 영향을 주거나 기존의 금융기관 소유권을 원래 상태로 절대 회수하지 못하도록 만든다. 즉, 그들의 지배권을 국제협약으로 영구화시킨다.

일곱 번째, 이 국제금융재벌세력은 한국은행의 화폐발행권을 이용하여 대규모 화폐발행 및 인플레이 조성에 의한 막대한 이익을 취한다. 한국 정부의 채권발행으로 인한 채무를 증대시키면서 무력화시키고 사실상의 경제식민지화 한다. 또한 유동성 과잉공급 및 긴급회수 전략에 의하여 주요기업들이나 빌딩, 부동산 등을 빠뜨려 헐값에 매수함으로서 여기서도 막대한 이익을 취한다. 그리고 이때 유리한 환경 및 여론 조성을 위하여 이 국제금융재벌세력들은 그들의 우군인 국제적인 신용평가사, 학계, 매스컴 등을 최대한 동원한다. 그리고 정치, 군사, 사법기관 등의 영역에도 자기들의 우호적인 세력을 구축한다. 그리고 이러한 경제적 식민체제에 반대하거나 저항하는 우리의 애국적인 정치인은 매도, 암살 혹은 거세시킨다.

비록 이상은 비판적 조직행동경제학적 관점에서 예상해 본 가상적인 시나리오에 불과하다. 그러나 초국적 국제금융재벌세력들이 악의만 있으면 얼마든지 그들의 뜻대로 쉽게 만들 수 있는 그러한 환경이 사실상 조성되어 가고 있다는 데에 큰 문제점이 있음을 시사하려는 것이다. 이미 그 세력들은 이미 다른 나라에 무수히 이와 유사한 시나리오를 구체적으로 실현시킨 바 있다. 물론 우리나라에 이러한 상황이 나타나지 않도록 그 세력들의 작전의 대상국이 아니었으면 좋겠다. 그러나 우리나라는 경제적으로 너무 커졌기 때문에 이제 그들이 군침을 흘리는 대상이 아닐 수 없다. 최근의 미국형 FTA의 체결은 이러한 위험한 환경 조성과 상당히 관련되어 있다.

벌써 우리나라 자체 내에서 민주화라는 미명하에 한국은행의 독립을 주장하는 경악스런 언행들이 나타나고 있다. 이들이 상황을 제대로 알고 주장하는지 아니면 자기의 말이 지닌 의미도 모른 채 주장하는지는 알 수는 없다. 1987년 민주화 투쟁의 세찬 바람을 타고 김진 당시 17대 한국은행 총재는 직원들과 함께 100만인 서명운동을 벌였다. 여론도 같은 편이었다. 이 때 김총재가 한은법 개정을 이끌어내지는 못했지만 차기 총재가 관(官)의 입김에서 벗어난 학계의 명망가가 임명되는 기틀을 마련해다. 1997년에 이르러 한은법 개정안이 통과되었지만 한은 직원들이 금통위 의장을 한은 총재가 맡는 것은 당연한 일이고 은행감독원도 떼 내서는 안 된다고 주장하며 거리로 쏟아져 나와 시위를 벌이는 등 한은법 파동이 벌어지기도 하였다. 전철환 총재는 2001년 정부가 한은에 국채를 인수해 달라고 요청했는데 그는 단호하게 거절했다. 이성태 총재는 2007년부터 인플레이션을 잡기 위한 임무에 충실한 점은 있으나 한은독립투사라는 별명을 얻을 정도로 정부와의 충돌도 마다하지 않았다(한국경제, 2010, 3, 15). 정운찬 총리도 한은의 독립을 도운 사람 중에 하나이다. 그러나 중앙은행의 독립은 어디까지나 정치로부터의 독립이지 정부로부터의 독립은 아니다. 예산통제나 감사를 받아야 마땅하고 행정부와는 건강한 긴장관계가 있으면 충분하다(한국경제, 2010, 3, 16). 한은 임직원이 금융감독권 회복 등 해묵은 과제를 해결해주는 실세 총재를 요구하는 것은 분수에 넘치는 태도이다. 김중수 한은 총재는 필자로 하여금 더욱 기절초풍할 듯한 발언을 하고 있다. 한국은행에 FRB 모델을 접목하여 물가안정 외에 고용, 성장률 제고, 금융안전 등의 업무를 포함한 글로벌 스탠더드(global standard)에 맞게 대수술을 하겠다는 뜻을 분명히 하였다(한국경제, 2010, 4, 2).

다음으로 한미 FTA 체결이 가져오는 위협의 문제를 생각하지 않을 수 없다. 이는 우리나라 금융주권 및 경제주권의 상실과도 직결되기 때문이다. 한미 FTA 내용 자체만으로는 이러한 결과가 나타나지 않겠지만 앞으로 FTA를 다루는 우리나라 국민들의 철저한 합리적 인식과 의사결정은 바로 우리의 수준인 동시에 그것에 대한 허점 여하에 따라 초국적 국제금유재벌세력들의 금융 침략이 시작될 것이다. 따라서 한미FTA는 우리에게 엄청난 모험이요 시련이다.

한미 FTA는 근본적으로 심대한 장점과 단점을 함께 갖고 있다. 장점으로는 우리나라 보다 경제적 규모가 16배나 큰 미국 시장을 상대로 하기 때문에 비교우위가 있는 제조업 분야의 경우는 엄청난 수출의 증대를 가져 올 것이다. 즉, 우리나라에 16 개 나라와 맞먹는 규모의 시장이 일시에 개방되기 때문이다. 그러나 미국이 우리나라 보다 더 경쟁력 있는 농업, 우주, 항공, 컴퓨터와 같은 산업분야와 법률, 의료, 금융 등 서비스업, 정부조달시장의 개방, 특허 등 지적재산권 보호의 강화 등을 망라하고 있으므로 우리나라의 산업 및 공기업, 공공서비스 부문의 초토화가 될 우려가 크다. 전세계적으로 보기 드물 정도로 엄청나게 포괄적인 FTA이다. 따라서 우리나라와 같이 소국(小國)은 금융주권이나 경제주권이 심각하게 축소되거나 상실될 우려가 크다(김성환, 2011). 한미 FTA는 1년 동안 약 8차례 공식협상을 통하여 타결된 것이며 총 24장으로 구성된 방대한 규모이다. 이 협정문은 상품에 대한 관세철폐로부터 시작하여 농산물과 섬유 등 분야별 규정은 물론이고 직접투자, 서비스교역, 정부조달, 지적재산권 등을 포함하고 노동, 환경, 투명성에 관한 사안까지 망라하고 있다. 실로 엄청나게 광범위한 포괄적인 협정이 아닐 수 없다.

한미 FTA가 갖는 문제 중 가장 위험스러운 부분이 투자국가간 분쟁해결(ISD, Investor-State Dispute Settlement)이다. 투자유치국 정부가 열거한 투자협정상 의무, 투자계약 또는 투자인가를 위배하여 투자자에게 손실이 발생하는 경우 투자자가 투자유치국을 상대로 투자유치국 내(內) 법원에서 제소하거나 또는 국제 중재를 요청할 수 있다는 조항이다. 이 조항은 우리나라 금융주권, 경제주권을 상실케 만드는 전초전이 될 것이므로 우리나라가 철저히 각성할 필요가 있는 부분이다. 앞으로 우리나라에서 경제를 이해할 때에 이와 같은 비판적이며 조직행동경제학적인 접근이 반드시 필요하다. 미국식 FTA는 일단 협상이 체결된 뒤에는 추가적인 규제완화나 개방의 확대는 가능해도 그 반대 방향으로 가는 역진(逆進)은 허용되지 않는다. 그 내용에 있어서는 너무나 포괄적이고 또한 방법에 있어서는 전체 유연성이 없는 것이 미국 FTA의 특징인데 이것은 일반적인 FTA와 확연히 구별된다. 이는 미국의 제조업의 취약성을 커버하고 다른 곳에서 그 거래의 손실을 보충하려는 의도에서 비롯되었다고 할 것이다.

ISD의 중재절차는 세계은행의 산하기구인 ICSID(International Center for Settlement of Investment Disputes, 국제투자분쟁해결센터), UN 산하기관인 UNCITRAL(United Nations Commission on International Trade Law) 또는 ICC(International Chamber of Commerce) 등 상호 합의된 3가지 절차 중 하나를 따른다. 우리나라 국내에 투자한 해외투자가와 우리나라 정부 사이에 분쟁이 발생이 발생했을 때 제 3의 국제중재기관에서 재판권을 갖을 수 있다는 것은 불평등조약으로서 우리의 사법주권을 침해할 우려가 있다는 주장이 제기되고 있다. 소위 깡패국가에서 통치자 마음대로 해외 투자자들의 재산을 몰수 하는 것을 막기 위한 조치로 충분히 이해되지만 우리나라의 경우는 초국적 국재금융재벌세력에 악용될 소지가 또한 크다고 할 것이다.

이러한 ISD 내용으로 볼 때 초국적 국제금융재벌세력은 우리나라 금융기관에 안전하게 투자한 후 그 뒤에 절대 그들의 소유분이 철저하게 보호될 것이며 설사 분쟁이 야기된다고 하더라도 앞에 언급한 중재절차기관들이 모두 그들의 세력권의 지배하에 있기 때문에 그들의 뜻대로 승소할 것은 당연한 것이다. 더군다나 우리나라 국내은행의 지분 10% 이상의 취득은 국제적 신용이 있는 은행으로 제한 해 두었으므로 이들 세력이 위기에 처한 우리나라의 은행의 대주주로 경영권을 장악하는 것은 식은 죽 먹기이며 또한 배타적인 독립적인 입찰지위로 헐값으로 매수할 수 있는 상황이 된다. 우리나라 금융기관의 지배권을 모두 장악한 후 철저히 종속화 시키고 동시에 이들을 규합하여 우리나라 정부에 대하여 실력으로 영향력 있는 반란을 일으키면 정부도 위기에 처하여 할 수 없이 결국 화폐발행권과 함께 중앙은행의 민영화 조치를 하게 될 것이다. 그리고 중앙은행인 한국은행의 지분의 대부분은 초국적 국제금융벌 세력이 이미 장악한 우리나라의 주요 금융기관들의 소유로 떨어지게 된다. 이로서 우리나라의 금융주권 및 경제주권은 상실되고 유로존의 그리스처럼 우리나라가 자체적으로 재정, 금융 정책을 스스로 실시하는 것이 불가능해진다. 먼저 금융주권이 상실되면 그 다음에 경제주권, 정치주권도 당연하게 함께 사라질 것이고 이 경우 우리나라가 사실상 식민지 상태로 떨어지는 것을 의미한다.

뿐만 아니라 ISD로부터 공공정책이 침해를 받을 수도 있다. 우리나라 경제의 새로운 룰(rull)의 환경을 조성하는 것이다. 공공서비스 분야가 시장중심의 원칙에 근거하여 영리극대화를 목적으로 거래가 개방되면 1차적으로 낮은 가격과 더 좋은 서비스로 국가기간 산업이나 의료공단, 연금공단, 철도, 전기, 수도 등의 공공부문이 무너진다. 그리고 기업의 형태로 사유화된 공공기관들이 이러한 공공서비스를 시장가격으로 현실화 시키면 철도요금은 최소한 40% 이상 인상될 것이며 마찬가지로 전기요금, 상수도요금도 급격한 상승률을 보일 것으로 여겨진다(송유나, 2007). 즉, 한미 FTA는 공공서비스에 대한 우리나라 국민의 권리를 박탈하고 공공요금 인상은 결국 일반 서민들의 부담으로 전가될 것이 분명하다.

경제는 경제의 룰(rule)을 어떻게 결정하느냐의 문제이기도 하다. 한미 FTA 협약과 같이 친환경에 대한 배상금, 반덤핑관세 등과 같이 조직행동경제학적인 측면에서 보면 유리 불리한 것이 나타난다. 금융자유화는 해외자본 유출입자유, 이자율자율화, 환율자율화, 금융규제철폐의 내용을 내포한다. 따라서 자고로 득(得)보다 실(失)이 많았고 이것 자체가 경제위기를 몰고 온다. 한국의 IMF 외환위기도 여기서 비롯된다. IMF 위기 이전에 우리나라의 경제의 지표들은 사실상 별 문제가 없었다. 그러나 금융자유화로 말미암아 정부는 과거에 해 오던 외환시장의 개입을 중단하였다. 수출촉진을 위하여 원화의 평가절하가 필요하였던 한국은 오랫동안 환율을 조정하여 왔는데 이것을 문민정부가 중지한 것이다. 이러한 조치는 원화가치의 상승으로 나타났고 이것은 곧 수출경쟁력의 약화를 가져왔으며 나아가서는 경상수지의 악화와 외환보유고의 감소를 초래하여 1997년 외환위기의 한 빌미를 제공한 셈이다. 다음으로 정부는 금융업에 대한 규제를 대폭 완화하였다. 금융기관의 설립과 그들의 영업활동을 거의 자유화한 것이다. 정부는 1994년 9개의 종합금융회사(종금사, merchant bank)를 인가하고 1996년 8개를 추가로 인가했다. 갑작스런 제2금융권의 확대로 국내금융시장의 경쟁은 격화되었고 이것은 종금사가 해외로 진출하는 계기를 만들었으며 그 이후 동남아 등으로 진출한 많은 종금사들이 해외에서 엄청난 외화차입을 하고 이러한 외화자금을 철저한 신용평가 없이 현지에서 대출하여 부실채권을 양산하였다. 종금사들의 자유롭고 방만한 해외영업이 1997년의 외환위기를 불러오는데 중요한 역할을 하였다는 것은 이미 많이 지적된 바다(김성환, 20들의 11, pp.193~194). 보기에 따라서는 1980년 남미의 외채위기, 1994년 멕시코의 금융위기, 1997년의 금융위기가 모두 자본자유화와 관련이 있다. 국제적 개방화의 문제와 관련하여 필자는 자국은 적게 개방하며 반대로 상대국을 많이 개방시키려는 win-lose게임이다. 개방화 자체가 결코 좋을 수 없는 것이다. 즉, 자국의 개방화는 상대를 개방시키기 위한 필요악일 뿐이다. 그리고 개방하여 교류한 량의 크기가 아니라 교류의 질적 방법이 더 중요한 것이다.

개방화에 대한 신중함이 요청된다. 원론적인 입장에서 물론 개방과 교류는 부가가치 창출에 큰 기여를 하지만 반면에 교류의 불공정 및 유동성 함정은 문제점이 크다고 할 것이다. 1990년대 중반 이후 미국 재무부는 IMF와 더불어 한국자본시장의 대폭적인 개방을 요구한 것이다. 그리고 2008년 글로벌 금융위기 이후에 가계, 기업, 국가, 모두 위기관리능력이 중요한 이슈가 되었다. 2008년 미국에서 출발하여 전 세계를 혼란 속으로 몰고 가는 1차 2차 글로벌 금융위기도 모두 본질적으로 보면 역시 과도한 금융자유화와 성급한 금융세계화에 그 뿌리가 있다고 하겠다. 해외자금이 지금 홍수처럼 밀려오고 국내 주식시장도 거의 절반이나 장악되는 결과를 가져왔다. 1995년 외국인 보유비중이 약 12%였으나 2003년 에 와서 약 44%에 육박하였으며 이는 세계적으로 보기 드문 사례라고 할 것이다. 언제나 그렇듯이 너무 지나치면 위기가 오는 법이다. 만약의 경우를 대비하기 위한, 예상외의 외부 충격파를 이겨낼 수 있는 방어책과 비상체제가 필요한 것이다.

원칙적으로 개방화 자체는 바람직하지 않다. 다만 상대를 개방시켜서 얻는 가치창출 및 이익이 너무 크기 때문에 쌍방간의 개방화를 거부하지 못하는 것이다. 개방화는 비록 무한경쟁의 외국기술과 자산들이 밀어닥치고 여기에 대응하는 과정에서 국가경쟁력이 발전하는 것이다. 그러나 만약 갑작스럽게 방향을 바꾼 역(逆)쓰나미가 나타나면 바로 심각한 위기의 상황이 된다. 대개 세계화, 자유주의, 민주주의, 시장 존중의 과정과 지역주의, 보호주의, 민족주의, 국가 개입은 세계사 두 흐름이며 서로 다른 맥락이다. 특히 우리나라와 같이 나라의 규모가 작고 또한 여기에 개방화가 겹치면 초국적 국제금융재벌세력들의 작전에 쉽게 휘말리게 된다, 원래 개방화는 가급적 타국은 많이 개방시키고 자국은 최대한 폐쇄시키는 것이 득인 게임이다. 다만 상대가 자신을 개방할 때 쌍방의 개방조건을 들고 나오기 때문에 부득이 응하는 것이라고 생각하면 된다. 유럽 발 금융위기가 바로 헤지펀드나 사모번트의 국제금융재벌세력의 투기행위에 비롯된 원인을 인식하고 이들을 등록, 모니터링, 세금부과 등으로 통제하려는 시도는 획기적인 변화라고 할 수 있다. 우리나라가 겪은 IMF재정위기나 글로벌 금융위기도 우리나라 경제의 잘못 이라기보다는 이러한 국제투기세력에게 더 큰 원인이 있었음을 말할 것도 없다.

앞으로 국제간 네트워크와 경제독립성이 매우 중요하다. 불확실성의 시대에 위기관리가 매우 주요한 과제이기 때문이다. 2008년 10월 8일 불안정 해진 국제경제 상황에 대처하기 위하여 한국은행과 미국 FRB 사이에 맺은 300억 달러 한미통화스와프 협정은 외환유동성 공급을 통한 환율안정의 효과를 발휘하여 위기의 불길을 잡는데 큰 도움을 주었다(동아일보, 2011, 10, 4). 이는 금융스와프협정의 중요성과 그 효용을 증명한 경우이다. 국가사이의 통화스와프는 자국통화를 상대국통화와 맞교환 하는 것으로 두 나라의 중앙은행 간에 체결된다. 당장 환 위험 헤지나 차입비용 절감을 위한 것이 아니라 한 나라에서 유동성 위기가 올 때 자국통화를 상대국에 맡기고 외화를 가져온다는 점에서 개인 간 통화스와프와 차이가 있다. 이는 외화유동성 위기를 대비한 일종의 보험인 셈이다. 특히 통화스와프는 외환보유액이 급속히 줄면서 맞이하는 외환위기 때 큰 효과를 볼 수 있다. 우리 돈을 주고 당장 필요한 외화를 빌릴 수 있기 때문이다.

최근 필요할 때 일본에서 700억 달러를 빌려 쓸 수 있는 통화스와프를 체결한 것은 금융위기에 대비한 든든한 하나의 안전판을 마련한 셈이다(중앙일보 2011, 10, 21). 앞으로 미국과도 무제한 달러의 통화동맹을 체결 하려고 시도하는 것도 매우 의의 있다. 그리고 2011년 10월 26일 한국과 중국이 원-위안 통화SWAP 규모를 1800억 위안(280억달러)에서 3600위안(570억 달러)로 두 배로 늘이기로 하였다. 그리고 유효기간도 3년 늘여 스와프 계약의 만기는 2014년 10월 25일이다. 이러한 통화스와프협약의 확대로 한국이 비상시 쓸 수 있는 외화자금은 4500억 달러 가량으로 늘어났다. 2011년 9월말 현재 외화보유액 3034억 달러와 한일 통화스와프 자금 700억 달러, 아시아 통화협정인 CMIM 자금 192억 달러, 그리고 한중통화스와프 자금 570억 달러 등이다(한국경제, 2011, 10, 27). 이 중 CMIM은 ASEAN과 한국, 중국, 일본이 공동으로 만든 지역안정망 기금으로서 총 1200달러 규모로서 유동성 위기에 우리나라의 인출 가능금액은 192억 달러인 것이다. 이러한 통화스와프(Currency Swap)는 선진국들이 반복되는 글로벌 금융유기를 벗어나기 위한 자기들만의 안전장치 속으로 우리나라도 함께 끼어서 들어가게 된 의미를 갖는다. 특히 아시아 국가 간 통화스와프 체결에는 위안화 국제화를 꿈꾸는 중국과 아시아 내에서 경제 패권을 잃지 않으려는 일본, 그리고 아시아 지역에서 두

나라의 영향력을 견제하려는 미국 등 3국의 이해관계가 맞물려 있는 결과라고 할 수 있다. 이러한 통화스와프도 바로 국가의 조직행동이 경제 및 금융에 심대한 영향을 미치는 하나의 사례라고 할 것이다.

무역거래국의 다변화가 필요하다. 한국은행 연간수치동향에 따르면 2010년 수출총액은 4643억 달러로서 전년도 대비 28.3% 증가하였다. 수입은 4224억 달러 이며 경상수지 흑자는 282억 1000만 달러에 이른다. 그리고 우리나라는 GDP대비 수출입 비중인 대외의존도가 90%에 이를 정도로 개방적이다. 일본 32%, 호주 39%, 인도 38%, 러시아 47% 등의 대외의존도에 비하여 매우 높아 늘 국제경제환경의 변동에 긴장과 긴박감이 야기 된다(매일경제, 2010, 10, 7). 우리나라 무역에서 중국이 차지하는 비중은 2009 년도 기준으로 25.8%, EU 18.3%, 일본 13.0%, 미국 12.2% 등이다. 중국이 성장하면서 1990년 IMF외환위기를 겪은 이후 에도 한국은 수출이 늘어나 한국의 경제회복이 빨라졌고 글로벌 금융위기를 대처할 저력도 늘어난 것이다. 올 상반기 기준으로 총수출에서 대 중국수출이 차지하는 비중이 글로벌 위기 이전의 27%에서 31% 수준으로 높아졌다(한국경제. 2010. 11. 23. A1). 내년에 한국의 국민소득은 2만 3000달러로 예상 된다(동아, 2010. 12. 14). 여러 나라들과 FTA의 확대는 이러한 다변화 전략의 좋은 돌파구가 될 수 있을 것이다. 그리고 아시아 한중일 공동 FTA는 더욱 이러한 효과를 증가시키는 의의가 있을 것이다.

현행 국민소득의 수준을 살펴보면 2009년도 한국인 1인당 국민총소득(GNI)이 원화가치 하락 탓에 1만 7175달러로 발표되고 있다(중앙일보, 2010, 3, 25). 2008년의 1만 9296달러 보다 2121달러

줄은 셈이다. 2년 연속으로 줄었으며 2004년 이후 최저를 기록하고 있다. 그러나 원화로 환산한 1인당 GNI는 2009년 2192만 3000원으로 2008년 2157만 5000원 보다 64만 8000원 늘었다. 그리고 국민소득의 실질구매력은 2008년의 -0.6%에 비하여 2009년도에 1.5% 증가했으며 또한 국내총생산 GDP도 2009년도가 2008년도 보다 0.2% 늘었다. 이러한 현상은 무엇보다도 원화가치 하락에 기인한다고 볼 수 있다.

앞으로 정부부채 및 가계부채를 과감히 줄여야 한다. 가계부채가 늘어나는 속도가 매우 빠르다. 눈덩이처럼 불어난 가계 빚은 언제든지 경제 전체를 위기로 몰아갈 수 있는 시한폭탄으로 봐야 한다. 소규모 개인기업을 포함한 개인 부문의 금융부채는 2009년도 말 854조원에 이른다. 예금은행 가계대출 가운데 주택관련 대출은 52%를 차지하기 때문에 만약 주택시장 침체가 길어지면 가계와 금융권의 동반 부실이 피하기 어려운 구조가 되었다(매일경제, 2010, 3, 26). 가계부채 수준이 높으면 중장기적으로 성장잠재력을 훼손할 뿐만 아니라 금융안정을 위험에 빠뜨릴 수 있다. 부채가 늘어나는 속도에 대해서는 늘 정부가 면밀히 모니터링하며 가계 부채가 금융권에 미치는 영향을 점검해 나가야 한다. 특히 출구전략은 이와 밀접한 관련이 있다.

2009년도에 글로벌 금융위기의 극복을 위하여 한국정부가 경기부양 정책으로 지출한 재정 규모가 국내총생산(GDP)의 3.6%였다. 이는 G20국가 가운데 러시아 4.1% 이어 두 번째로 높고 G20국가 전체 평균 재정지출 2.0%의 약 2배에 이르는 것이다. 참고로 중국은 3.1%, 미국은 2.0%, 일본은 2.4%이다. 우리나라의 경제부양을 위한 재정정책이 매우 과감했음을 알 수 있다. 2009년도 GDP 대비 재정적자 비율은 5.0%에 이른다 (동아일보, 2010, 3, 24).

기업은 점점 부자가 되는데 개인은 점점 가난해 지는 현상이 나타나고 있다. 우리나라 기업들의 현금 보유 상황은 한국은행의 기업예금통계를 보면 알 수 있다. 2009년 말 기업저축 총액의 현금성 자산은 215조원에 이르며 이는 우리나라 GDP의 21%에 해당한다. 이는 같은 시기 가계저축총액 361조원의 59.7%에 해당된다. 그리고 이 기업 저축 총액의 85%에 달하는 183조원이 만기 1년 이상의 정기예금에 들어있기 때문에 불경기에 대비한 유동성 확보의 의미 보다는 이자놀이의 금융자산운용의 측면이 더 강하다.

한국의 정부부채로는 2010년 공식 누적국가채무가 GDP 대비 약 30%인 260조원에 이른다. 그러나 공기업 부채를 포함하면 채무비율이 60%로 치솟는다. 임대주택건설 등 정부 대행사업을 하다가 120조원의 부채를 짊어지게 된 한국토지주택공사(LH), 4대강 사업으로 8조원의 자금을 부담하게 된 수자원공사, 전기요금억제로 부채가 22조원으로 늘어난 한전 등의 부채는 여차하면 정부가 대신 갚아 줘야 한다.

지난해 2009년 가구당 명목소득은 4131원인 반면 가구당 부채는 4337만원이었다. 즉 가구당 소득에서 부채를 빼면 마이너스 206만원인 셈이다. 일 년 내내 벌어서 빚도 못 갚는다는 얘기며 저축할 여유가 없다는 뜻이다. 한국노동연구원 관계자는 이와 같이 기업들이 투자와 고용확대와 적정한 임금인상을 통하여 이익금을 국민경제에 되돌려 주지 않고 기업 내부에 쌓아 놓기만 하면 고용감소, 소비침체, 경제의 활력 저하를 거처 다시 고용 감소로 이어지는 악순환이 발생할 우려가 있다. 이러한 상황은 1998년~2002년 사이 일본 경제가 장기 불황을 겪은 상황과 비슷하다(조선일보, 2010, 3, 3). 우리나라의 빈부격차 OECD회원국가 중에서도 제일 심한 국가로 나타나고 있다(경향일보, 2011, 11, 26).

경기회복에 따른 소득증가로 개인의 금융자산이 부채보다 더 많이 늘어나 재부 건전성 지표가 2년 6개월 만에 최고치를 기록했다. 한국은행이 6월 15일 발표한 '1분기 순 자금 동향' 자료에서 올해 1분기 말 개인의 금융자산이 금융부채의 2.31배로 집계되어 2007년 3분기말의 2.35배 이후 가장 높았다고 볼 수 있다. 개인의 금융자산/부채비율이 2008년 말 2.10배에서 지난해 1분기 말 2.16배, 2분기 말 2.24배, 3분기 말 2.29배, 4분기 말 2.28배로 상승하는 추세이다.

지난 3월 말 개인 부문의 금융자산은 1998조원으로 지난해 말에 비하여 51조 5000억원 증가했다. 여기에다 상거래 신용, 기타 금융자산 등을 합칠 경우 개인 부문의 총금융자산은 3월 말 2006조 1000억원으로 처음으로 2000조원을 넘어섰다(한국경제, 2010, 6, 16). 개인의 부동산 등 비금융자산이 금융자산의 약 2배정도로 추정하면 개인 부분의 금융 및 비금융 합계의 총자산은 약 6000조 원에 이른다. 우리나라의 개인부채, 정부 및 공공부문의 부채도 동시에 크게 늘어났다면 외국인이 아니면 국내인의 어느 누군가가 그 채권자일 것이다. 개인의 금융자산이 계속 늘어남을 감안할 때 우리나라의 빈익빈 부익부 현상이 더욱 커지고 있음을 나타내고 있다고 할 것이다.

과잉 복지정책에서 탈피해야 한다. 앞으로 큰 문제는 저출산 고령화 사회로의 진입이며 복지문제 및 통일비용과 관련하여 거의 무한 지출이 요구되는 상황이다. 삼성경제연구소에 따르면 공적연금, 건강보험, 노인복지로 소요될 예산은 2018년에는 144조원으로 2010년의 70조원의 약 2배 이상이 될 것으로 예측한다. 그리고 향후 2010~2019까지 약 10년간 공무원 연금 적자로 인하여 정부가 보전해 주어야 할 금액이 43조원이 넘을 것으로 분석되고 있다. 국민연금도 2060년이면 적립기금이 고갈될 것이라고 한다. 지난해 1조 300억 원의 적자를 낸 건강보험 재정도 급속히 악화되고 있다. 건강보험정책연구원에 따르면 20년 후에는 건보적자만 47조원에 달할 것이라고 한다(매일경제, 2011, 2, 1). 앞으로 우리나라의 복지문제는 경쟁의 영역과 생존의 영역으로 확연히 구분하여 생존의 영역에만 가급적 지원하며 경쟁의 영역은 정부가 개입하지 않고 자유경쟁시장에 맡기는 2원적 민생주의 전략을 취하는 방향을 권할 만하다(남중헌, 신삼민주의, 2003). 복지 과잉으로 재정이 파탄 난 남유럽 국가들과 마찬가지로 우리나라도 포퓰리즘에 의한 과다한 복지정책의 복지 병(病)의 수렁으로 빠져들고 있다. 복지지출비중이 GDP 대비하여 1997년 3.8%, 2008년 8.3%이다. 그리스 복지지출비중은 2008년 기준으로 20.2%, 이탈리아 18.8%, OECD국가 평균은 15.2%이다(한국경제, 2010, 7, 12). 2011년 예산에는 총예산 314조 6000억 원 중 복지지출비중이 27.9%로 사상 최고 수준을 나타내고 있다(동아, 2010, 9, 29). 사회의 안정망 구축, 불평등 구조를 줄이는 노력은 사회적 불안을 근원적으로 줄이는데 필요하다. 그리고 통일비용은 약 1000조 원 가량으로 예상되는데 그 때 부채 규모를 생각하면 끔직스러운 일이다. 점진적인 개방이 이의 부담을 줄여줄 것이다. 우리나라는 가계 및 기업의 민간부채가 너무 많고 고도의 인플레이션이 진행 중이어서 정부가 발행한 국채를 국민이 인수하거나 정부가 직접 화폐를 발행하여 부채를 상쇄시키는 경우에 이를 받아들일 수 있는 국민의 여력이 일본과는 전혀 다른 상태임을 유의할 필요가 있다.

외환보유액의 다변화가 필요하다. 한국은행은 지금까지 금은 주식이나 채권과는 달리 이자나 배당을 받을 수 없고 급할 때 손쉽게 처분할 수도 없다는 이유에서 적절한 투자대상이 될 수 없다는 입장을 견지하여 왔다. 그러나 미국의 달러화의 가치가 너무나 빠르게 약세를 보이자 불가피하게 달러화의 비중 축소에 나서지 않을 수 없게 되었다. 한국은행은 인플레이션과 미 달러화 약세에 대응해 외환보유액의 자산가치를 막을 수 있는 대안으로 금 매입을 시도하게 된 것이다. 지금 외환보유액 중에서 달러화 자산비중이 63.7%로 너무 높다는 지적을 받고 있다. 그리고 지금까지 외환자산 운용이 달러, 유로, 엔화에 집중되어 있다. 그러나 이번에 한국은행은 금을 25톤 매입했을 뿐만 아니라 앞으로 중국 위안화 투자도 적극 추진하고 있다.

한국은행이 지금 보유하고 있는 총 39.4톤은 영국 중앙은행에 보관되어 있다(한국경제, 2011, 8, 3). 미국은 세계 주요국 중앙은행의 금 보유량 3만 535 톤 중 26.7%인 2010년 7월말 기준으로 8133.5톤을 보유하고 있다. 독일이 3401톤, IMF 2814톤, 이탈리아 2451.8톤, 프랑스 2435.4톤, 중국 1054.1톤, 러시아 830.5톤, 일본 765.2톤을 갖고 있다. 신흥국들이 미국 달러화 약세에 대응하고 포트폴리오를 다변화하는 차원에서 금을 늘이는 추세에 있다.

참고문헌

김성환, 2011, 세계화론, 지문당

김성환, 2008.12, 울산대학교논문집 제 15권 2호, “금융자유화의 재검토”, UUP

다니엘 벨 지음, 오세철 옮김, 자본주의의 문화적 모순, 전망, 1980.

로날드 L. 미크 지음/김제민 옮김, 노동가치론의 역사, 풀빛, 1985.

쑹훙빈 지음, 차혜정 옮김, 2009, 화폐전쟁, 랜덤하우스코리아(주).

__________, 홍순도 옮김, 2010, 화폐전쟁2, 랜덤하우스코리아(주).

__________, 홍순도 옮김, 2011, 화폐전쟁3, 랜덤하우스코리아(주).

엘빈토플러, 김원호 옮김, 2009, 불황을 넘어서, 청림출판.

남중헌, 2003, 리엔지니어링조직재설계, UUP.

남중헌, 2005, 신삼민주의(新三民主義), UUP.

남중헌, 1990, 조직사회의 근본문제, 형설출판사.

다니엘시로 지음, 남중헌, 이득연 옮김, 근대세계의 형성과 세계체계, 대영사.

리사에드리치 지음, 2010, 김홍식 옮김, 골드만삭스-금융제국의 탄생과 몰락, 그리고 부활, 21세기북스

마틴 울프 지음, 김태훈 옮김, 2009, 금융공황의 시대, 바다출판사.

조지소로스 지음, 형선호 옮김, 1998, 세계자본주의의 위기, 김영사

스티브 마빈, 1998, 한국에 제2의 위기가 다가오고 있다, 사회평론.

소에지마 타카히코 지음, 박선영 옮김, 2008, 연쇄하는 대폭락.

송유나, 2007, 한미 FTA는 우리의 미래가 아닙니다, (주)도서

출판강.

이관우, 2010, 장미와 훈장, 형설라이프.

자크아탈리 지음, 양영란 옮김, 2009, 위기 그리고 그 이후, 위즈덤 하우스

정인교, 2010, FTA통상론, 율곡출판사.

케빈 필립스 지음, 이건 옮김, 2009, 나쁜 돈, 다산북스.

존 헐 지음, 최원석외 옮김, 1998, 파생상품의 이해, 장은경제연구소.

찰스. D. 엘리스 지음, 강남규 옮김, 2010, 골드만삭스-글로벌 금융 리더, 예스위켄.

최혁 저, 2009, 2008 글로벌 금융위기, K-books.

아사쿠라 케이 지음, 김웅철 옮김, 2008, 대공황2.0, 매일경제신문사.

그밖에

조선일보, 월간조선, 동아일보, 월간동아, 중앙일보, 한겨레신문, 경향신문, 국민일보, 매일경제, 한국경제, 한경비지니스.

각종 인터넷 자료 검색, 각종 방송, 관세청, 수출입동향

한국은행, 기업경영분석,

Toffler, A., The Third Wave, William Morrow and Company Inc., 1980.

DamPour & Fariborz, "Oranizational Innovation; A meta-Analysis of Effects of Determinants and Moderators", *AMJ*, 34, pp.555-590.

Daft, R. L., *Organization Theory and Design*, South-Western College publishing, 1998, pp.346-348,

Fergusion, C. E. & Gould, J. P., 1975, *Microeconomic Theory(4th ed.)*, Richard D. Irwin Co.

Grusky, D.B., 2008, *Social Stratification(3rd ed.)*, Westiew Press.

Keynes, J. M., 1973, *The General Theory of Employment Interest and Money,* The MacMillan Press LTD.

Kaplan, R. S. & Norton, D. P., "Using the Balanced Scorecard as a Strategic Management System," *Harvard Business Review*, Jan-Feb 1996, pp.75-85.

Karl Marx, Capital; *A Critique of Political Economy(edited by Engels)*, International Publishing Co., 1967, pp.156-368.

Laswell, H.D. & Kaplan, A., *Power and Society,* Yale University Press.

Micher, B., 2007, *The Secrets of Money,* Broun Media.

Mills, C. W., 1956, *The Power Elite,* Oxford University Press, Inc.

Mishikin, F. S., 2004, *The Economics of Money, Banking and Financial Markets(7th ed.),* Addition-Wesley.

Naisbitt, J., 1984, *Megatrends,* Warner Books, Inc.

Samuelson, P.A., *Economics(8th ed.),* 1970, McGraw-Hill, Inc.

Tom & Jean Sutherland, 1996, *At your own risk,* Falcrum Publishing.

Walbank, T. W. etc.,1984, *History and Life(2nd ed.),* Scott, Foresman and Ccompany,

Wrong, D. H., 1980, *Power,* Basil Blackwell Publisher.